Você e a Astrologia

LIBRA

Bel-Adar

Você e a Astrologia

LIBRA

*Para os nascidos de
23 de setembro a 22 de outubro*

Editora
Pensamento
SÃO PAULO

Dados Internacionais de Catalogação na Publicação (CIP)
(Câmara Brasileira do Livro, SP, Brasil)

Bel-Adar
   Você e a astrologia : libra : para os nascidos de 23 de setembro a 22 de outubro / Bel-Adar. – São Paulo : Pensamento, 2009.

   13ª reimpr. da 1ª ed. de 1968.
   ISBN 978-85-315-0718-2

   1. Astrologia 2. Horóscopos I. Título.

08-11126   CDD-133.5

Índices para catálogo sistemático:
1. Astrologia 133.5

O primeiro número à esquerda indica a edição, ou reedição, desta obra. A primeira dezena à direita indica o ano em que esta edição, ou reedição, foi publicada.

Edição	Ano
13-14-15-16-17-18-19-20	09-10-11-12-13-14-15

Direitos reservados
EDITORA PENSAMENTO-CULTRIX LTDA.
Rua Dr. Mário Vicente, 368 — 04270-000 — São Paulo, SP
Fone: 2066-9000 — Fax: 2066-9008
E-mail: pensamento@cultrix.com.br
http://www.pensamento-cultrix.com.br

ÍNDICE

Astrologia 7

O zodíaco... 15

Libra, a Balança 19

Natureza cósmica de Libra...................................... 21
    O elemento ar, 21. Equilíbrio, 23. Polaridade, 24. Ritmo, 25. Manifestação da inteligência, 27. Figura simbólica, 28. Marte em Libra, 29. Saturno em Libra, 29. O Sol em Libra, 30. Síntese cósmica, 31.

O libriano 33
    Como identificar um libriano, 33. Firmeza e oscilação, 34. A complementação, 35. As qualidades venusianas, 38. A mulher de Libra, 39. Sombra e luz, 41. Generosidade e egoísmo, 42. Têmis, 44. Síntese, 45.

O destino 47
    Evolução material, 48. Família, 50. Amor, 52. Filhos, 53. Vida social, 54. Finanças, 55. Saúde, 57. Amigos, 60. Inimigos, 60. Viagens, 61. Profissões, 62. Síntese, 65.

A CRIANÇA DE LIBRA 67

O TRIÂNGULO DE AR 71

AS NOVE FACES DE LIBRA 75
  Tipo Libriano–Venusiano, 75. Tipo Libriano–Uraniano, 77. Tipo Libriano–Mercuriano, 80.

LIBRA E O ZODÍACO 83
  Libra-Áries, 85. Libra–Touro, 88. Libra–Gêmeos, 91. Libra–Câncer, 94. Libra–Leão, 98. Libra–Virgem, 101. Libra–Libra, 104. Libra–Escorpião, 107. Libra–Sagitário, 111. Libra–Capricórnio, 114. Libra–Aquário, 117. Libra–Peixes, 121.

VÊNUS, REGENTE DE LIBRA 125
  Simbolismo das cores, 130. A magia das pedras e dos metais, 133. A mística das plantas e dos perfumes, 134.

VÊNUS E OS SETE DIAS DA SEMANA 137
  Segunda-Feira, 137. Terça-Feira, 138. Quarta-Feira, 139. Quinta-Feira, 139. Sexta-Feira, 140. Sábado, 142. Domingo, 143.

MITOLOGIA 145
  Libra, 145. Vênus, 149.

ASTRONOMIA 153
  A constelação de Libra, 153. Vênus, 154.

ALGUNS LIBRIANOS FAMOSOS 159

ASTROLOGIA

Mergulhando no passado, em busca das origens da Astrologia, descobre-se que ela já existia, na Mesopotâmia, trinta séculos antes da Era Cristã. No século VI a.C., atingiu a Índia e a China. A Grécia recebeu-a em seu período helênico e transmitiu-a aos romanos e aos árabes. Caldeus e egípcios a praticaram; estes últimos, excelentes astrônomos e astrólogos, descobriram que a duração do ano era de 365 dias e um quarto e o dividiram em doze meses, de trinta dias cada, com mais cinco dias excedentes.

Foram os geniais gregos que aperfeiçoaram a Ciência Astrológica e, dois séculos antes da nossa era, levantavam horóscopos genetlíacos exatamente como os levantamos hoje. Criaram o zodíaco intelectual, com doze signos de trinta dias, ou trinta graus cada, e aos cinco dias restantes deram o nome de epagômenos. Delimitaram a faixa zodiacal celeste, sendo que os primeiros passos para isso foram dados pelo grande filósofo Anaximandro e por Cleostratus. Outro filósofo, de nome Eudoxos, ocupou-se de um processo chamado *catasterismo*, identificando as estrelas com os deuses. Plutão associou o Sol a um deus composto, Apolo-Hélios, e criou um sistema de teologia astral. Hiparcus, um dos maiores gregos de todos os tempos, foi apologista fervoroso do poder dos astros, e epicuristas e estóicos, que compunham as duas mais poderosas frentes filosóficas que o homem jamais conheceu, dividiam suas opiniões; enquanto os epicuristas rejeitavam a Astrologia, os estóicos a defendiam ardentemente e cultivavam a teoria da *simpatia universal*, ligando o pequeno mundo do homem, o microcosmo, ao grande mundo da natureza, o macrocosmo.

Os antigos romanos relutaram em aceitar a ciência dos astros, pois tinham seus próprios deuses e processos divinatórios. Cícero repeliu-a mas Nigidius Figulus, o homem mais culto de sua época, defendeu-a com ardor. Com o Império ela triunfou e César Augusto foi um dos seus principais adeptos. Com o domínio do cristianismo perdeu sua característica de conhecimento sagrado, para manter-se apenas como arte divinal, pois os cristãos opunham a vontade do Criador ao determinismo das estrelas. Esqueceram-se, talvez, que foi o Criador quem fez essas mesmas estrelas e, segundo o Gênese, cap. 1, vers. 14, ao criá-las, disse:

"...e que sejam elas para sinais e para tempos determinados..."

Nos tempos de Carlos Magno, a Astrologia se espalhou por toda a Europa. Mais tarde, os invasores árabes reforçaram a cultura européia e a Ciência Astronômica e Astrológica ao divulgarem duas obras de Ptolomeu, o Almagesto e o Tetrabiblos. Na Idade Média ela se manteve poderosa e nem mesmo o advento da Reforma conseguiu prejudicá-la, sendo que dois brilhantes astrônomos dessa época, Ticho Brahe e Kepler, eram, também, eminentes astrólogos.

Hoje a Ciência Astrológica é mundialmente conhecida e, embora negada por uns, tem o respeito da maioria. Inúmeros tratados, onde competentes intelectuais estabelecem bases racionais e milhares de livros, revistas e almanaques populares são publicados anualmente e exemplares são permutados entre todos os países. Gradualmente ela vem sendo despida de suas características de adivinhação e superstição, para ser considerada em seu justo e elevado valor, pois é um ramo de conhecimento tão respeitável quanto a Psicologia, a Psicanálise, a Psiquiatria ou a Parapsicologia, que estudam e classificam os fenômenos sem testes de laboratório e sem instrumentos de física, empregando, apenas, a análise e a observação.

Os cientistas de nossa avançada era astrofísica e espacial já descobriram que, quando há protuberâncias no equador solar ou explodem bolhas gigantescas em nosso astro central, aqui, na Terra, em conseqüência dessas bolhas e explosões, seres humanos sofrem ataques apopléticos ou são vitimados por embolias; isto acontece porque a Terra é bombardeada por uma violenta tempestade de elétrons e ondas curtas, da natureza dos Raios Roentgen, que emanam das crateras deixadas por essas convulsões solares e que causam, nos homens, perturbações que podem ser medidas por aparelhos de física e que provocam os espasmos arteriais, aumentando a mortalidade. Usando-se um microscópio eletrônico, pode-se ver a trajetória vertiginosa dos elétrons, atravessando o tecido nervoso de um ser humano; pode-se, também, interromper essa trajetória usando campos magnéticos. Raios cósmicos, provindos de desconhecidos pontos do Universo, viajando à velocidade de 300 000 quilômetros por segundo e tendo um comprimento de onda de um trilionésimo de milímetro, caem como chuva ininterrupta sobre a Terra, varando nossa atmosfera e atravessando paredes de concreto e de aço com a mesma facilidade com que penetram em nossa caixa craniana e atingem nosso cérebro. Observações provaram que a Lua influencia as marés, o fluxo menstrual das mulheres, o nascimento das crianças e animais, a germinação das plantas e provoca reações em determinados tipos de doentes mentais.

É difícil, portanto, admitir esses fatos e, ao mesmo tempo, negar que os astros possam emitir vibrações e criar campos magnéticos que agem sobre as criaturas humanas; é, também, difícil negar que a Astrologia tem meios para proporcionar o conhecimento do temperamento, caráter e conseqüente comportamento do homem, justamente baseando-se nos fenômenos cósmicos e nos efeitos magnéticos dos planetas e estrelas. Um cético poderá observar que está pronto a considerar que é possível classificar, com acerto, as criaturas dentro de doze signos astrológicos mas que acha absurdo prever o destino por meio dos astros. Objetamos, então, que o destino de uma pessoa resulta de uma série de fatores, sendo que os mais importantes, depois do seu caráter e temperamento, são o seu comportamento e as suas atitudes mentais. Pode-se, por conseguinte, com conhecimentos profundos da Astrologia, prever muitos acontecimentos, com a mesma base científica que tem o psiquiatra, que pode adivinhar o que acontecerá a um doente que tem mania de suicídio, se o deixarem a sós, em um momento de depressão, com uma arma carregada.

Muitos charlatães têm a vaga noção de que Sagitário é um cavalinho com tronco de homem e Capricórnio é um signo que tem o desenho engraçado de uma cabra com rabinho de peixe. Utilizando esse "profundo" conhecimento, fazem predições em revistas e jornais, com razoável êxito financeiro. Outros "astrólogos", mais alfabetizados, decoram as induções básicas dos planetas e dos signos e depois, entusiasmados, fazem horóscopos e previsões de acontecimentos que não se realizam: desse modo, colocam a Astrologia em descrédito, da mesma forma que seria ridícula a Astronáutica se muitos ignorantes se metessem a construir espaçonaves em seus quintais. Devem todos, pois, fugir desses mistificadores como fugiriam de alguém que dissesse ser médico sem antes ter feito os estudos necessários. Os horóscopos só devem ser levantados por quem tem conhecimento e capacidade e só devem ser acatadas publicações endossadas por nomes respeitáveis ou por organizações de reconhecido valor, que se imponham por uma tradição de seriedade e rigor.

A Astrologia não é um negócio, é uma Ciência; Ciência capaz de indicar as nossas reais possibilidades e acusar as falhas que nos impedem de realizar nossos desejos e os objetivos da nossa personalidade; capaz de nos ajudar na educação e orientação das crianças de modo a que sejam aproveitadas, ao máximo, as positivas induções do signo presente no momento natal; que pode apontar quais os pontos fracos do nosso corpo, auxiliando-nos a preservar a saúde; essa ciência nos mostrará as afinidades e hostilidades existentes entre os doze tipos zodiacais de modo que possamos ter felicidade no lar, prosperidade nos negócios, alegria com os amigos e relações harmônicas com todos os nossos semelhantes. As estrelas, enfim, nos desvendarão seus mistérios e nos ensinarão a solucionar os transcendentes problemas do homem e do seu destino, dando-nos a chave de ouro que abrirá as portas para uma vida feliz e harmônica, onde conheceremos mais vitórias do que derrotas.

Bel-Adar

O ZODÍACO

O zodíaco é uma zona circular cuja eclíptica ocupa o centro. É o caminho que o Sol parece percorrer em um ano e nela estão colocadas as constelações chamadas zodiacais que correspondem, astrologicamente, aos doze signos. O ano solar (astronômico) e intelectual (astrológico) tem início em 21 de março, quando o Sol atinge, aparentemente, o zero grau de Áries, no equinócio vernal, que corresponde, em nossa latitude, à entrada do outono. Atualmente, em virtude da precessão dos equinócios, os signos não correspondem à posição das constelações, somente havendo perfeita concordância entre uns e outros a cada 25 800 anos, o que não altera, em nada, a influência cósmica dos grupos estelares em relação ao zodíaco astrológico.

Em Astrologia, o círculo zodiacal tem 360 graus e está dividido em doze Casas iguais, de 30 graus cada. Não há, historicamente, certeza de sua origem. Nos monumentos antigos da Índia e do Egito foram encontrados vários zodíacos, sendo os mais célebres o de

Denderah e os dos templos de Esné e Palmira. Provavelmente a Babilônia foi seu berço e tudo indica que as figuras que o compunham, primitivamente, foram elaboradas com os desenhos das estrelas que compõem as constelações, associadas a certos traços que formam o substrato dos alfabetos assírio-babilônicos.

Cosmicamente, o zodíaco representa o homem arquetípico, contendo: o binário masculino-feminino, constituído pela polaridade *positivo-negativa* dos signos; o ternário rítmico da dinâmica universal, ou seja, os ritmos *cardinal, fixo e mutável*; o quaternário, que representa os dois aspectos da matéria, cinético e estático, que se traduzem por *calor e frio — umidade e seca*. Este quaternário é encontrado nas forças fundamentais — *radiante, expansiva, fluente* e *coesiva* — e em seus quatro estados de materialização elementar: *fogo, ar, água* e *terra*.

Na Cabala vemos que Kjokmah, o segundo dos três principais Sephirot, cujo nome divino é Jehovah, tem como símbolo a *linha*, e seu Chakra mundano, ou representação material, é Mazloth, o Zodíaco. Também a Cabala nos ensina que Kether, o primeiro e supremo Sephirahm cujo Chakra mundano é "Primeiro Movimento", tem, entre outros, o seguinte título, segundo o texto yetzirático: *Ponto Primordial*. Segundo a definição euclidiana, o ponto tem posição, mas não possui dimensão; estendendo-se, porém, que ele produz a linha. Kether, portanto, é o Ponto Primordial, o princípio de todas as coisas, a fonte de energia não manifestada, que se estende e se materializa em Mazloth, o Zodíaco, cabalisticamente chamado de "O Grande Estimulador do Universo" e misticamente considerado como Adam Kadmon, o primeiro homem.

Pode-se, então, reconhecer a profunda e transcendente importância da Astrologia quando vemos no Zodíaco o Adam Kadmon, o homem arquetípico, que se alimenta espiritualmente através do cordão umbilical que o une ao logos e que está harmonicamente adaptado ao equilíbrio universal pelas leis de Polaridade e Ritmo expressas nos doze signos.

LIBRA, A BALANÇA

Libra é a sétima constelação zodiacal, corresponde ao sétimo signo astrológico e rege os dias que vão de 23 de setembro a 22 de outubro. Sua palavra-chave é HUMANISMO, sua figura simbólica é a de uma balança e sua imagem mitológica é a de Têmis, a filha do Céu e da Terra que personificava a Justiça. Todos os signos de ar dinamizam a mente e tornam seus nativos mais racionais do que sentimentais. Em Libra, cuja superior vibração concede o dom de julgar, o homem estabelece um perfeito equilíbrio entre a emoção e a razão, a matéria e o espírito, o Céu e a Terra.

Segundo a Cabala Mística, o regente divino de Libra é Zuriel e na Magia Teúrgica a ordem dos anjos que lhe corresponde é a das Principalidades, ou Enviados de Deus. Nos mistérios da Ordem Rosa-Cruz, encontramos que as letras I.N.R.I., colocadas no madeiro onde Jesus foi torturado, representam as iniciais dos quatro elementos, em língua hebraica: *Iam*, água — *Nour,* fogo — *Ruach*, espírito ou ar vital — *Iabeshab*, terra. O ar, portanto, elemento a que pertence Libra está indicado pelo R, terceira letra da Cruz.

Como signo de ar, nos quatro planos da Vida, Libra corresponde ao Plano Mental. Na magia vemos que os seres invisíveis que o dominam são os Silfos, superiores, criaturas aéreas, em cuja oração de invocação encontramos a súplica pedindo o retorno ao Criador:

> "Nós te louvamos e te bendizemos no império mutável da luz criada, das sombras, dos reflexos e das imagens e aspiramos sem cessar a tua imutável e imperecível claridade. Deixa penetrar até nós o raio da tua inteligência, o calor do teu amor; então, o que é móvel será fixo, a sombra será um corpo, o espírito do ar será uma alma, o sonho será um pensamento..."

NATUREZA CÓSMICA DE LIBRA

O elemento ar

O ar é um elemento que não tem forma visível, não tem peso aparente e envolve e interpenetra todas as coisas. Os nativos dos signos de ar, Gêmeos, Libra e Aquário, têm uma mente privilegiada, capaz de absorver todos os conhecimentos, agir no plano material e penetrar no plano das idéias, buscando a inspiração criadora e depois definindo, dando forma, estruturando e realizando.

Cada um dos signos aéreos tem uma qualidade mental particular, bem definida; em Gêmeos a mente é inquieta, curiosa, brilhante porém superficial; em Aquário ela é profunda, desapaixonada e estritamente científica; em Libra tem seu equilíbrio perfeitamente estabelecido, em virtude da influência de Vênus que é o regente deste signo; as superiores induções venusianas vem dar especial sentido às vibrações da balança, que conservam sua característica mental e racional, mas ganham em espiritualidade e sensibilidade.

Os nativos de Libra, da mesma forma que todos os nativos dos signos aéreos, fogem da dor, da tristeza, da sombra, da malícia e da crueldade. Jamais empregam a força bruta, jamais admitem a promiscuidade e dificilmente se submetem a pessoas ou a situações. Reúnem as exigências de Gêmeos e Aquário, são originais e honestos, amam a perfeição e nunca ninguém pode acusá-los de cópia ou plágio. Dominados pelo elemento ar, lutam desesperadamente por sua independência e, embora tenham a plasticidade necessária para adaptar-se às circunstâncias, não se deixam escravizar por elas e nem ficam interiormente sugestionados: pode-se aprisionar o corpo de um aéreo nativo de Libra, mas ninguém consegue encarcerar sua alma ou dirigir seus pensamentos.

Por ser um signo de ar, Libra concede inteligência, simpatia, espontaneidade e originalidade aos seus nativos, dando-lhes, também, a faculdade de entenderem seus semelhantes e serem entendidos por eles. Pela regência de Vênus, os librianos são agraciados com toda a sensível e elevada vibração venusiana, que neste signo perde as características materiais; deixando de reger apenas a procriação e a atração sexual, Vênus, em Libra, mostra-se como Têmis, a Justiça, que, ao dar a faculdade de entender os homens, proporciona também capacidade para julgá-los por seus erros e amá-los por suas qualidades.

Equilíbrio

O elemento ar geralmente proporciona instabilidade psíquica e emocional e determina extrema sensibilidade nervosa; isto raramente se observa nos nativos de Libra, um signo que, por sua própria essência, obriga ao equilíbrio.

A irradiação da Balança é dominante e magnética e seus nativos têm uma personalidade vibrante e positiva, onde sentimentos e emoções têm uma dosagem certa. Por sua posição de fuso angular zodiacal, a vibração de Libra é intensa e sua missão é a de impulsionar e sugestionar. O libriano, por mais débil que seja a sua vontade, raramente se deixa influenciar por outras pessoas, pois, pelas determinações de seu signo, está apto para estudar, julgar, pesar, medir e depois escolher o que mais lhe convém.

A despeito de sua poderosa irradiação, Libra faz de todo libriano um amante da paz, da lei, da ordem e do equilíbrio. O nativo de Libra sonha com a paz social e almeja um mundo perfeito, sem dores, doenças, ignorância e fome. Seus poderosos impulsos são sempre orientados num sentido benéfico, harmonioso e fraterno. Repugna-lhe qualquer forma de violência, de sujeição ou escravidão. Todas as religiões lhe merecem respeito, mas sempre tem sua própria opinião sobre Deus; apesar de ter muita fé, raramente é religioso, pois não costuma subordinar-se a credos ou dogmas.

Polaridade

Libra é um signo de polaridade positiva ou masculina. Em Astrologia, ao estudar-se a natureza cósmica dos signos, os termos positivo e negativo, masculino ou feminino, quando empregados em relação aos planetas ou setores zodiacais, não indicam sexo ou debilidade, mas determinam qual a espécie de energia que eles possuem. Positivo ou masculino é o signo ou planeta que tem energia cinética e que, devido a isso, impulsiona, emite e conduz; negativo ou feminino é o setor ou planeta que possui energia estática e, portanto, recebe, absorve e é conduzido.

A polaridade masculina de Libra torna seus nativos muito independentes, ativos e autoconfiantes. Só nos casos em que as influências planetárias são muito desfavoráveis é que o libriano deixa de ter energia suficiente para bastar-se a si mesmo. Para suas realizações materiais quase nunca necessita do amparo ou do conselho de outrem; talvez por ter sua própria capacidade em alta conta. Nunca dá conselhos, a não ser quando lhe pedem, e nunca procura se aproveitar da debilidade alheia.

A presença de Vênus, como senhora da Libra, suavizando a polaridade masculina deste setor zodiacal, vem dar uma atraente personalidade aos librianos, que são sempre corteses e raramente se deixam levar pela cólera, especialmente diante de estranhos. Mesmo os homens nascidos em Libra são exigentes no vestir, refinados no trato e sempre sabem sorrir; por trás dessa aparência calma e amável, porém, pode-se perceber uma personalidade enérgica e uma vontade inflexível.

Vênus é um planeta feminino, de polaridade passiva, e sua presença neste signo, que é masculino e positivo, faz com que os librianos dividam o mundo em duas partes bem distintas: a sua e a que pertence aos outros. Corteses, porém orgulhosos com os estranhos, os librianos jamais se deixam dominar pela força mas submetem-se docilmente pelo amor.

Ritmo

O dualismo dinâmico universal se compõe de duas forças, movimento e inércia ou dois ritmos, impulso e estabilidade; o equilíbrio entre essas oposições determina uma terceira manifestação de energia, que funciona como agente de transição e que é o ritmo mutável. A constante rítmica de Libra é de movimento ou impulso e a função que lhe cabe é a de dinamizar, conduzir, mover e criar.

Os librianos, obedecendo a esses imperativos cósmicos, sempre se sentem melhor quando estão realizando ou criando algo novo e se desesperam ou se irritam quando algo ou alguém entrava seus desejos e suas ações. Jamais retrocedem em seus passos; caminham sempre para diante, procurando formas novas e mais perfeitas de fazer aquilo que os outros já fizeram, porque a cópia, a imitação, o plágio jamais são usados por eles. Quando não podem criar procuram aperfeiçoar e se não conseguem realizar o que desejam, de acordo com seu conceito de perfeição, preferem abandonar a tarefa a subordinar-se a fazer um trabalho inferior.

Todo signo de ritmo impulsivo obriga seus nativos a uma intensa atividade; nos librianos o dinamismo é mental, puramente cerebral, pois, como bons nativos do ar, eles não apreciam o esforço físico. Aqui, novamente, vemos a interessante oposição entre o interior e o exterior do nativo de Libra. Ele é mentalmente hiperativo, superenérgico, mas, exteriormente, é calmo, controlado, às vezes até comodista ou preguiçoso. Sua aparência engana os incautos, pois esconde uma vontade firme e poderosa, da mesma forma que um macio fio de seda cobre e disfarça um inflexível fio de aço.

Manifestação da inteligência

Os signos aéreos sempre dão maior energia mental do que física. Sempre, também, dinamizam a inteligência; alguns nativos, devido a determinadas circunstâncias de seu destino ou de acordo com certos aspectos planetários, não têm o mesmo desenvolvimento mental dos demais, mas de um modo ou de outro, sempre demonstram capacidade para executar tarefas que dependem da habilidade e agilidade do intelecto.

O libriano, sem ter a vivacidade do geminiano ou a profundidade do aquariano, é dotado de uma poderosa inteligência e sempre sabe como aplicá-la. Na verdade, talvez saiba aplicá-la melhor do que os nativos de Gêmeos e Aquário, pois Vênus, que está ausente nesses dois signos, dá superior sensibilidade e intuição aos nativos de Libra.

Libra também pode proporcionar o dom da palavra, escrita ou falada, faculdade que pertence especialmente a Mercúrio, mas que está sempre presente nos signos de ar. A facilidade para compreender, traduzir, transmitir e influenciar por meio da voz é própria dos librianos, que são auxiliados nisso por seu magnetismo pessoal e por sua simpatia e facilidade de comunicação.

Figura simbólica

Libra é representada por uma balança, mas sua figura mitológica é a de Têmis, Justiça; é, portanto, um signo humano, proporcionando uma aparência física bela e agradável, dinamizando psiquicamente todos os sentidos interiores e marcando uma orientação humana e fraterna em todos os pensamentos e propósitos.

Em Libra o zodíaco já está em seu centro. Áries já marcou o outono, com suas folhas douradas. Em Câncer a natureza já sofreu morte aparente, sob o abraço gelado do inverno. Libra nasce com a primavera, onde tudo se multiplica de modo exuberante e onde um cálido e amoroso fluido parece envolver todas as coisas. O libriano ama extraordinariamente a vida, não pode prescindir das coisas belas e é incapaz de viver sem a companhia humana. Têmis ensina-o a julgar, mas Vênus, que chega neste signo com a primavera, dá-lhe também uma grande capacidade de amar e faz dele um dos tipos astrológicos que mais facilmente conquistam o afeto e a estima dos seus semelhantes.

O zootipo de Libra é a pomba, que aliás era sempre oferecida a Vênus, em seus templos, acompanhada de flores, especialmente rosas. Seus outros tipos cósmicos são uma jovem, indicando a primavera, e uma mulher adulta, personificando a justiça. Por essas três figuras, a pomba, a jovem e a mulher adulta, sabemos, então, que a energia de Libra sempre é usada de modo gentil e amável e que a personalidade dos seus nativos se assemelha, como já dissemos, a duríssimo fio de aço recoberto por seda macia.

Marte em Libra

O signo de Libra tem uma vibração muito pacífica. O planeta Marte encontra seu exílio neste setor zodiacal, que não oferece campo magnético favorável às suas irradiações poderosas e turbulentas.

Em Libra os influxos marcianos se debilitam ou se fragmentam. Por essa razão, o libriano jamais luta nos mesmos termos que os demais nativos dos signos positivos. Quando deseja algo põe em ação toda a sua intensa energia mental ou toda a sua imensa força espiritual, como fez o libriano Mohandas Karamchand Gandhi, que, através da revolução pacífica, foi o construtor da liberdade da Índia.

Saturno em Libra

Saturno, o solitário ermitão, que desdenha os prazeres, as realizações fáceis, a riqueza inútil e tudo aquilo que é efêmero e material, encontra sua exaltação no signo de Libra, o que parece estranho, pois Libra determina apaixonado amor a todas as coisas que Saturno condena.

Essa exaltação saturnina é muito benéfica para os librianos, pois lhes dá firmeza, estabilidade, objetividade e elimina muito da inquietude própria dos nativos dos signos aéreos. Saturno também se favorece com as vibrações de Libra, perdendo a qualidade rígida e utilitarista que freqüentemente demonstra em Capricórnio. Sua ação profunda, desapaixonada e imparcial dá ao signo de Libra a faculdade de oferecer um equilíbrio ainda maior aos dois pratos da balança, representados pela razão e pelo sentimento.

O Sol em Libra

O Sol se deprime em Libra e seus raios sofrem a ação inibidora das vibrações saturninas que aqui se exaltam.

O Sol espalha bondade, generosidade, alegria e jovialidade, não com o método de um sábio, mas com a prodigalidade do imprudente. Deprimindo-se em Libra, ele cria uma condição cósmica que faz com que os librianos sejam parcimoniosos e prudentes no que dão; não são tristes, mas às vezes, são melancólicos e nunca apreciam a alegria exagerada; não são avaros, mas condenam a generosidade excessiva; não são cruéis, mas jamais misturam a bondade com a justiça. Imparciais, corretos e honestos, comovem-se diante do sofrimento alheio, mas não participam dele; ajudam o próximo, mas antes ajudam a si mesmos; para eles a máxima que manda dar a última camisa a quem necessita não convence, pois sabem que um homem que dá tudo aos outros fica sem condições para auxiliar a si e ao próximo. Sem fazer do libriano um egoísta, a depressão solar torna-o racional e prático.

Síntese cósmica

Libra abre o ciclo dos seis signos finais, por onde devemos seguir o caminho evolutivo de Adam Kadmon, o homem arquetípico. Ocupando o sétimo setor zodiacal, dominando sobre toda espécie de associações, desde a conjugal até a comercial, determinando todos os pleitos, contratos, uniões e separações, Libra representa a evolução processada através da complementação e da harmonização dos opostos.

A pura vibração venusiana empresta à rigorosa Têmis a compaixão necessária para julgar com acerto e jamais punir injustamente. A criatura que em Gêmeos é o adolescente inquieto e curioso e em Aquário é o frio sábio, sempre respeitado mas nem sempre amado, em Libra tem sua expressão mais perfeita. Esse signo equilibra o homem entre a razão e a emoção, o espírito e a matéria, deixando-o pronto para atingir os planos superiores, cujo portal pode ser revelado pela inteligência, mas cujos limites só podem ser ultrapassados quando se une o doce e equilibrado afeto ao frio e racional poder intelectual.

O LIBRIANO

Como identificar um libriano

Diplomático
Raramente anda sozinho
Gosta de cores claras e de objetos belos
Símbolo: a balança
Planeta regente: Vênus
Casa natural: sétima, relativa às associações
Elemento: ar
Qualidade: cardinal
Regiões do corpo: rins, apêndice
Pedra preciosa: opala
Cores: azul, rosa, cores pastéis
Flor: rosa
Frase-chave: eu equilibro
Palavra-chave: humanidade
Traços da personalidade: cooperativo, romântico, preguiçoso, extravagante, gracioso, simpático, encantador, sociável, facilmente influenciável, indeciso
Países: China, Tibete, Japão, Canadá, Argentina

Coisas comuns regidas por Libra: dormitórios, doces, amor, cobre, hortelã, aspargos, obras de arte, salões de beleza, contratos, pianos, jóias, mobília, casamentos, morango

Firmeza e oscilação

O signo de Libra proporciona aos seus nativos uma natureza muito complexa. O libriano, influenciado pela característica rítmica impulsiva de Balança, teria que possuir um temperamento ardente, apaixonado, impetuoso e audacioso. Em virtude, todavia, das vibrações femininas de Vênus e da exaltação de Saturno, que confere lentidão e prudência, e devido, ainda, à própria natureza cósmica deste setor que é simbolizado por uma figura passiva, de mulher, as tendências apaixonadas se amortecem, o entusiasmo é contido pelo raciocínio e a audácia dá lugar à reflexão.

Os librianos são extremamente constantes em suas afeições, sinceros em sua amizade, honestos em seus compromissos e uma vez dada a sua palavra, jamais a rompem. Dão muito valor à sua honra, ao seu bom nome e à opinião que os outros possam ter a seu respeito. A desaprovação e o descrédito os magoam porque necessitam, sempre, ter a certeza de que suas ações são entendidas, aprovadas e respeitadas.

Há certos nativos de Libra que são extremamente firmes em suas decisões. Quando resolvem fazer algo, nada os demove de seu intento e, mesmo quando errados, não retrocedem, porque são muito vaidosos e não gostam de reconhecer suas próprias falhas. Há outros que são mais flexíveis ou inconstantes; apaixonam-se por um projeto, não regateiam esforços para traçar os planos, juntar os elementos necessários e preparar tudo para sua realização; no final, já estão cogitando de um plano melhor ou, então, aquilo que planejaram não lhes parece perfeito e abandonam tudo, sem consultar ninguém ou sem dar satisfação a quem quer que seja.

Na verdade, essa tendência quase não poderia ser classificada como inconstância, pois ela é determinada pelo desejo de perfeição. O libriano nunca abandona uma idéia porque desistiu da luta, mas, sim, porque encontrou outra que lhe parece melhor. Quando o objetivo se lhe afigura realmente valioso, sabe persegui-lo com uma persistência inabalável e ninguém consegue fazê-lo retroceder ou desistir.

A complementação

Libra, ocupando a sétima Casa do zodíaco, é o signo que rege as associações, tanto amorosas como comerciais, e assim marca o aperfeiçoamento do indivíduo através da complementação e da harmonização dos opostos.

Casar, construir um lar e edificar uma família são coisas que todo libriano se sente impelido a fazer. Mesmo quando não ama realmente ou quando é egoísta e não gosta de dividir o que é seu, ainda assim ele procura, ou o destino o força a encontrar um complemento para sua personalidade e a formar uma família. Depois de casado sente-se responsável por seu lar, por seu cônjuge e por seus descendentes; dificilmente os abandona, e procura defendê-los contra tudo e contra todos, mesmo que não representem seu ideal e que não lhe tragam satisfação física ou espiritual.

Os nativos de Libra, embora sociáveis e amáveis, são muito ciumentos e raramente admitem estranhos em sua casa, em seus negócios, em seus projetos ou em qualquer atividade sua; no entanto, as portas de sua casa e de seu coração estão sempre hospitaleiramente abertas para os amigos. São comunicativos e gentis, mas não apreciam interferências em sua vida particular ou em seus negócios. Não sabem viver sem companhia, mas não admitem que ninguém atrapalhe sua vida, interfira em seus atos ou perturbe sua tranqüilidade.

Os librianos parecem intimamente ligados a todas as Casas do zodíaco e sabem conviver com todos os tipos astrológicos sem absorver suas qualidades ou contaminar-se com seus defeitos. Eles têm a rara habilidade de fazer cada indivíduo dar o máximo de sua capacidade; quando lhes convém, sabem perdoar os defeitos e aproveitar as virtudes de cada um, tirando delas todo proveito possível.

Como já dissemos, a companhia humana é indispensável para os nativos de Libra. Às vezes eles sentem necessidade de isolamento, mas só estão bem quando sabem que há alguma pessoa amiga ao alcance de um chamado seu. Gostam de estar sós, no campo ou na praia, mas gostam de ouvir risos e vozes à distância. Apreciam o silêncio, embora prefiram pensar e repousar com música, o que, aliás, é sempre de benéfico efeito sobre seus nervos. Amam a riqueza de cores, a profusão de detalhes, os contrastes de sombra e luz, mas quase sempre em teoria ou numa pintura ou paisagem; ao seu redor gostam de tudo calmo, ordenado, sedativo, sem contrastes violentos e sem luzes fortes.

Como nativos de um setor que determina a complementação, quase todos os librianos se associam a alguém, num negócio, num ideal ou numa aventura. Raramente agem sozinhos na vida, sendo sempre os participantes ativos dos empreendimentos ou os criadores de idéias ao redor dos quais outras criaturas se congregam. Quase sempre, também, são os responsáveis pela vitória de muitos indivíduos que, sem seu apoio, jamais conseguiriam aproveitar suas próprias qualidades.

As qualidades venusianas

Vênus sempre desenvolve a sensibilidade de todos os que recebem suas vibrações. Torna as criaturas meigas, gentis, compreensivas, humanas, sensíveis e refinadas e mesmo nos tipos colocados nos mais baixos degraus da escala social ela imprime bom gosto e delicadeza; por sua influência, todos os seus protegidos amam as jóias, peles, perfumes, sedas, cristais e tudo o que é raro, nobre e belo.

Libra e Touro são dois signos regidos por Vênus. No primeiro ela é sensível e espiritualizada e no segundo é sensual e apaixonada. A despeito disso, todavia, em Touro ela é mais simples e em Libra determina muita vaidade e bastante egoísmo. Alguns librianos têm extrema consciência de sua aparência física e se magoam quando alguém não elogia sua beleza ou sua elegância; outros, embora sem tanta vaidade, são muito peculiares no vestir, não usando roupas que não sejam impecáveis, que já tenham sido cerzidas ou que pareçam demasiadamente surradas.

Nos tipos negativos estas tendências chegam ao exagero; estes librianos gostam de andar muito enfeitados ou meticulosamente trajados e não hesitam em andar com o estômago vazio ou deixar suas contas sem pagar, contanto que possam ter roupas belas e caras. Os tipos positivos jamais levam essas induções venusianas a extremos tão prejudiciais. Gostam, na verdade, de coisas belas e agradáveis, lutam para obtê-las, mas não se escravizam a elas. A influência de Vênus dinamiza sua sensibilidade e lhes dá uma visão muito superior e elevada, capacitando-as a entenderem seus semelhantes e a se fazerem entendidos por eles, seja através das manifestações artísticas ou intelectuais, seja através do mais puro sentimento fraterno.

A mulher de Libra

A mulher que nasce sob as estrelas de Libra talvez seja o mais delicado e feminino tipo zodiacal. Os signos de ar sempre proporcionam uma aparência agradável e a presença de Vênus, em Libra, vem dar grandes atrativos à mulher libriana que tanto poderá ter irradiante e irresistível simpatia como poderá ser dotada de deslumbrante beleza.

O bom gosto, a elegância e a originalidade são características do tipo feminino deste signo. A libriana tem uma graça especial que a torna inconfundível e sua maneira de vestir, de falar ou de mover-se é também toda pessoal, toda impregnada pelo magnético e fascinante toque venusiano.

A limpeza às vezes chega a ser mania em certas representantes femininas de Libra, que passam o dia inteiro lavando, limpando e lustrando. Certas librianas, a despeito do cuidado com sua aparência pessoal, gostam muito de fazer as tarefas domésticas e têm muita habilidade para a cozinha refinada e os docinhos elegantes e rebuscados; outras já são inimigas de todo e qualquer trabalho doméstico, preferindo as atividades sociais ou o trabalho num escritório ou numa loja. Quando os raios sensuais de Vênus favorecem as encantadoras nativas de Libra, de menor evolução espiritual, mesmo assim elas se tornam famosas por sua beleza e atração como a belíssima Marion de Lorme, a cortesã que nasceu em 1613, cuja beleza, dois séculos mais tarde, ainda era celebrada na França.

Mas não e só por suas maneiras gentis ou por sua aparência física que a mulher de Libra impressiona; é também por sua potência mental, por sua inteligência, que é clara, lúcida, objetiva como a de seus irmãos de signo.

Na frente de um espelho ou usando um vestido de noite, ela é muito feminina, mas em seu trabalho ou em sua carreira ela sabe unir as qualidades do seu sexo à mais fria e poderosa capacidade intelectual. Ela pode, ainda, demonstrar a mais alta sensibilidade ou a mais elevada espiritualidade, a exemplo de duas famosas librianas: Annie Besant, a anglicana que se tornou socialista e, em seguida, simpatizante marxista, para depois transformar-se na líder mundial da Sociedade

Teosófica, e Catherine Elizabeth Macauley, a pequena irlandesa de Dublin, que foi a corajosa fundadora da mais abnegada ordem religiosa jamais existente, a das Irmãs de Caridade.

Sombra e luz

Os raios de Libra podem dar uma personalidade muito melancólica a alguns de seus nativos. É como se, por estar este signo na linha do horizonte zodiacal e por ser ele o ponto de depressão do Sol, a vida fosse, para certos librianos, um eterno amanhecer ou um eterno crepúsculo, feito de meios-tons cinzentos e sombrios.

Esses nativos de Libra não são tão expansivos, magnéticos e comunicativos como seus irmãos de signo. Agem com mais lentidão, são muito prudentes e não hesitam em sacrificar-se pelas pessoas que amam. Têm uma vida interior muito intensa, guardam muito suas mágoas, não esquecem as ofensas, são muito suscetíveis a críticas e gostam de recordar o passado. Todas as elevadas qualidades do signo de Libra estão presentes nestes librianos que possuem uma delicada sensibilidade.

Existe também a outra criatura de Libra: o protótipo do ser aéreo, despreocupado, iluminado, entusiasta, apaixonado, intenso e jovial. Este libriano ama extraordinariamente a vida e procura sempre aproveitá-la integralmente. Não tem espírito de sacrifício e faz sempre tudo aquilo que possa reunir o máximo de prazer com o máximo de utilidade. É refinado em todas as coisas materiais, exige uma cama macia para dormir, é requintado no comer e no vestir e gosta de ter o melhor de tudo. Este é o libriano comum, o que melhor representa a essência deste signo, onde as vibrações venusianas induzem tanto amor à vida e tanta alegria de viver.

Os defeitos dos librianos introvertidos são o rancor, o egoísmo, a indiferença, a preguiça e a falta de afeto. As debilidades do tipo expansivo são a cobiça, a sensualidade, o egoísmo, o materialismo e a indiferença.

Generosidade e egoísmo

Em Áries, o primeiro signo zodiacal, o homem é egoísta e individualista, quer vencer, apoderar-se do mundo e impor o seu domínio pessoal. Em Libra, signo oposto ao Carneiro, o homem já está preparado para vencer o egoísmo e está pronto para ser o cônjuge, o companheiro, o amante, o sócio e o amigo.

Marte, o regente de Áries, encontra seu exílio em Libra; à derrota do deus da violência vem corresponder a regência de Vênus, a vitória da deusa do amor e da cooperação. Desaparece, então, o homem egoísta e primitivo para ficar o indivíduo já preparado para viver em sociedade, compartilhando dos mesmos direitos e deveres de seus semelhantes e lutando por um mundo onde todos tenham iguais oportunidades.

Aqui, todavia, é necessário marcar a grande linha que separa o libriano do resto do mundo. A balança marca a transição do egoísmo individual para o coletivo, mas, na verdade, todas as superiores induções de Libra, dos signos que o antecedem e de Escorpião, que é o que vem imediatamente após, só serão materializadas nos quatro últimos signos zodiacais: Sagitário, Capricórnio, Aquário e Peixes.

Assim, o libriano é coletivista ou universalista em tese, mas na prática costuma trancar-se dentro do seu círculo e dificilmente ajuda a resolver os problemas alheios. É compassivo, mas não mistura piedade com afeto. Só luta quando seus próprios interesses estão ameaçados. Nunca quer causar mágoa ou dano a ninguém, embora não procure deter a Lei quando ela se ergue para castigar alguém que cometeu um erro. Acredita na justiça, na ordem e na igualdade, mas sabe que para uma coletividade prosperar e viver em paz é necessário contê-la com mão forte, às vezes impiedosa. Não gosta de contrastes violentos e nem de linhas divisórias, onde de um lado se situam os ricos, os privilegiados e os sábios, e do outro os miseráveis, os ignorantes e os abandonados, e aprecia as coisas justas, bem distribuídas e sabiamente divididas.

Em virtude das elevadas qualidades da Balança, a despeito de seu egoísmo e de sua indiferença pelos problemas coletivos, basta um pequenino estímulo para fazer do libriano o mais fraterno e humano tipo zodiacal, pois pela própria essência igualitária de seu signo ele é socialista por temperamento e cristão por sentimento.

Têmis

Libra dá um grande apuro de sentimentos aos seus nativos, que fogem de tudo quanto é indigno ou escuso. Os librianos são extremamente gentis e nunca magoam ninguém de modo deliberado. Nunca discutem ou procuram questões com adversários mais fracos e não costumam explorar os erros alheios, utilizando-os em seu próprio proveito.

A despeito de todas essas elevadas qualidades, eles têm um pouco da frieza que é peculiar aos nativos dos signos aéreos; assim comovem-se extremamente com tudo o que acontece com seus familiares, mas podem analisar com desapaixonado interesse os problemas gerais. Estranhamente, por mais ilógico que pareça, podem permanecer insensíveis ante uma guerra e chorar por um desconhecido soldado morto.

Intuitivamente, o nativo da Balança evita interferir no carma individual, sabendo que cada indivíduo tem suas contas a ajustar; interfere, todavia, no carma coletivo, pois sabe que está incluído nele e assim sempre procura colaborar em todos os movimentos em favor de um mundo melhor. Quando é chamado a julgar, ainda que seja alguém de seu sangue, o faz sempre com absoluta imparcialidade e jamais pronuncia uma opinião a favor ou contra antes de estar absolutamente certo de suas palavras. Seu senso de justiça parece orientado pela própria Têmis, que lhe dá como motivação principal as aspirações encerradas nos nomes de suas três filhas: Eqüidade, Ordem e Paz.

Síntese

Os signos de ar dinamizam a energia mental, elevam o espírito e desprendem o homem da matéria. Os signos de fogo dão igual sentido às suas vibrações, mas os que nascem sob sua influência necessitam de um campo de luta material, ao passo que os nativos dos signos aéreos lutam com outras armas e, quase sempre, no campo mental.

Libra está no centro exato do zodíaco e é o primeiro signo acima da linha do horizonte. Do ponto de vista evolutivo é o mais importante de todos os setores zodiacais, pois marca a integração do homem na Humanidade, onde ele vai buscar sua complementação mental, material e espiritual e onde vai, também, colaborar com seus semelhantes, em todas as suas lutas e aspirações.

Em Gêmeos, o primeiro signo de ar, a criatura se divide entre o desejo de se elevar espiritualmente e de se realizar materialmente; fica, assim, suspensa entre o céu e a terra, sem saber qual o melhor caminho a seguir. Em Aquário, o terceiro signo aéreo, o indivíduo escolhe o seu roteiro, fixa-se na matéria ou então liberta-se de suas raízes e se integra na harmonia cósmica universal. O homem deve, porém, passar antes por Libra, onde aprenderá a definir entre o bem e o mal, entre o céu e a terra e onde, antes de julgar os outros, aprenderá a julgar a si mesmo.

O DESTINO

Antes mesmo do seu nascimento, o homem já começa a se integrar no concerto cósmico universal. Seus primeiros sete meses, três na condição embrionária e quatro na condição fetal, são as sete etapas formativas, no fim das quais está apto para nascer e sobreviver. Os dois últimos meses são dispensáveis, mas a Natureza, mãe amorosa e cautelosa, os exige e só os dispensa em casos extremos, pois a criaturinha que vai nascer necessita fortalecer-se e preparar-se para a grande luta que se iniciará no momento em que ela aspirar o primeiro hausto de ar vivificante.

Durante os nove meses de permanência no útero materno, de nove a dez signos evoluem no zodíaco solar. De modo indireto, suas induções são registradas pelo sensível receptor que é o indivíduo que repousa, submerso, na água cálida que enche a placenta. É por essa razão que observamos, em tantas pessoas, detalhes de comportamento que não correspondem às determinações do seu signo natal; isto indica que elas possuem uma mente flexível e sensível e estão aptas para se dedicar a múltiplas atividades.

Ao nascer, a criatura recebe a marca das estrelas que dominarão o seu céu astrológico e que determinarão seu caráter, seu temperamento e seu tipo físico, além de dar-lhe um roteiro básico de vida. As vibrações percebidas durante a permanência no útero, por uma sutil química, são filtradas e quase totalmente adaptadas às irradiações das estrelas dominantes. As influências familiares e a posição social ou financeira dos progenitores nunca modificarão o indivíduo; apenas poderão facilitar ou restringir os meios que ele terá para objetivar sua personalidade e realizar, de modo positivo ou negativo, as induções do seu signo natal.

Alguém, portanto, nascido entre 23 de setembro a 22 de outubro, que provenha de família de rígidos princípios ou de moral relaxada, que venha à luz numa suntuosa maternidade ou no canto de uma casa humilde, que seja criado com carinho ou seja desprezado pelos seus, será sempre um libriano e terá o destino que Libra promete a seus nativos. Este destino será brilhante ou apagado, benéfico ou maléfico, de acordo com a qualidade e o grau de evolução de cada um.

Evolução material

Libra é um signo que não promete lutas muito violentas no destino dos seus nativos, a não ser sob determinadas condições cósmicas. Como regra, a Balança determina uma infância agradável, uma juventude sem grandes tragédias ou vitórias, uma idade adulta satisfatória e progressista e uma velhice feliz, própria da criatura realizada. A despeito de todos os eventos que se registrarem durante a existência, haverá um equilíbrio relativo entre os bons e os maus momentos; freqüentemente haverá preponderância de bons acontecimentos, pois Libra é um signo muito benéfico e proporciona muita sorte e felicidade aos que nascem sob suas estrelas.

O egoísmo peculiar aos librianos, essa espécie de egoísmo superior que os faz amar o mundo, mas não permite que se mesclem com ele, é um dos fatores que contribuem para tornar fácil a sua vida, pois eles geralmente têm apenas os seus problemas para resolver. Sua simpatia também é de grande auxílio em todos os empreendimentos e não há quem resista a um nativo de Libra quando ele resolve pôr em ação todo o seu *charme* pessoal. Assim, com estrelas muito favoráveis em seu destino, bastante encanto pessoal, muita capacidade de trabalho, grande inteligência e uma boa dose de egoísmo, o libriano está equipado para vencer e realizar seus sonhos com muito mais facilidade do que a maioria dos tipos astrológicos.

Embora possa realizar tudo sozinho, o nativo de Libra só começa a construir realmente a sua fortuna depois do casamento. O matrimônio, para ele, além de ser uma necessidade, é também uma espécie de talismã e sempre marca uma importante fase em sua vida, onde sua personalidade se define e onde seus negócios tomam um rumo definitivo. Às vezes a família do nativo ou do seu cônjuge exerce forte influência, positiva ou negativa, na posição social e na situação financeira; é, porém, oportuno notar que com ou sem o apoio da família, ao chegar à idade madura, o libriano já deverá ter sua vida bem resolvida; se não conseguir realizar seus desejos até essa época, dificilmente conseguirá realizá-los depois.

O comodismo, o hábito de depender da família, a tendência para viver tranqüilamente, sem grandes esforços ou lutas, são fatores que poderão prejudicar a evolução material dos librianos, que, às vezes, se condenam a uma vida medíocre apenas porque não têm ambição e coragem para lutar por outra melhor e mais de acordo com suas qualidades.

Família

O nativo de Libra, em certos casos, terá uma infância tranqüila e feliz; em outros, ainda nos primeiros anos de sua vida, poderá separar-se de seus pais, sendo obrigado a viver com parentes de sangue ou em casa estranha. O libriano poderá, ainda, mesmo vivendo com seus genitores, passar grande parte de sua infância com um casal ao qual será muito afeiçoado e por quem também será considerado como filho.

Há promessas de aborrecimentos com membros da família, seja por doença, por questões de justiça ou por questões financeiras. Em virtude de problemas de dinheiro o libriano será o apoio moral e material de um dos seus progenitores, que residirá em sua companhia ou será mantido por ele enquanto viver. Um dos pais também poderá ter filhos nascidos de uma união ilegal, e o libriano terá alguns transtornos com esses novos irmãos.

Existe uma boa possibilidade de harmonia entre os nativos de Libra e seus irmãos. Entre eles, alguns poderão destacar-se na Arte, na Ciência ou na vida intelectual; outros poderão trazer preocupações por seu comportamento rebelde ou por sua moral um tanto relaxada.

Assim, para alguns nativos de Libra, a vida familiar poderá ser harmoniosa, agradável e sem grandes acontecimentos; para outros, porém, ela será repleta de fatos às vezes misteriosos, questões entre os genitores, brigas por causa de irmãos nascidos fora do casamento, doenças, descrédito ou ruína financeira. Em todas as casas, todavia, seja a sua vida familiar mansa ou conturbada, o libriano sempre sentirá fortemente a influência de seus pais, de seus irmãos e do lar onde foi criado.

Amor

O casamento, como já foi dito, é quase uma obrigação para todo nativo de Libra. Mesmo que ele não ame realmente ou que não queira amarrar-se a compromissos, sempre se sentirá impelido a casar e a constituir família; na verdade, parece obedecer a uma ordem imperativa, pois seu destino só assume linhas definitivas depois que ele une sua vida à de outra pessoa.

A Balança promete heranças ou legados para os que nascem sob sua influência e estes quase sempre virão da parte do cônjuge, que poderá pertencer à família de elevada posição social ou financeira. Este signo também promete muitos aborrecimentos domésticos, causados por empregados ou subalternos que procurarão, por meio da intriga e da calúnia, provocar desentendimentos entre o libriano e seu cônjuge. Toda interferência de pessoas estranhas ou de parentes, na vida matrimonial dos filhos de Libra, deve sempre ser evitada, pois causará mais aborrecimentos do que alegria.

O gênio dominador do cônjuge ou as intrigas de pessoas de condição social inferior poderão determinar a infelicidade conjugal dos librianos. Apesar de seu temperamento afetivo e pacífico, eles estarão sujeitos a discórdias, discussões e questões no lar. Sua vida íntima às vezes não corresponderá às suas necessidades espirituais; nesses casos eles procurarão fora de casa a felicidade que lhes falta, o que também promete riscos, pois poderão envolver-se com pessoas de moral duvidosa, que trarão prejuízos à sua reputação.

Filhos

Muitos casamentos de nativos de Libra resultam estéreis ou são premiados apenas com um ou dois filhos, três no máximo. Se o libriano é a personalidade mais forte da casa, haverá predominância de meninas; se o seu cônjuge é quem manda nos assuntos da família, a predominância será de meninos.

Os descendentes dos librianos serão inteligentes e sensíveis, mas terão uma personalidade rebelde; quando chegarem à juventude, causarão alguns aborrecimentos, pois dificilmente se submeterão às ordens paternas e maternas. Serão crianças muito impressionáveis; possuirão um delicado sistema nervoso e sofrerão todo o reflexo da vida matrimonial dos librianos; serão felizes num lar feliz e sentir-se-ão irritadas, inseguras e instáveis se forem criadas num ambiente perturbado por brigas e questões.

Com o tempo, os nativos de Libra terão satisfação e orgulho com seus filhos, que terão mentalidade muito avançada, devendo merecer cuidadosa orientação para que possam desenvolver suas excepcionais qualidades. Uma criança órfã ou abandonada poderá ser adotada pelo nativo de Libra, que a amará como se fosse filho legítimo; em compensação, essa criança lhe retribuirá fartamente tanto em amor como em alegria.

Vida social

A vida social dos nativos de Libra andará sempre paralela ao seu maior ou menor dinamismo e à sua maior ou menor ambição. Quando o libriano for comodista e tranqüilo, não apreciando as lutas ou a competição com outros tipos mais agressivos, sua posição social será a mesma que tiver herdado de seus pais; não conseguirá elevar-se por não ter ambição e também não sofrerá quedas pois será protegido por sua prudência e por sua preguiça. Quando, porém, ele é um tipo dinâmico e positivo e sabe usar todas as maravilhosas qualidades conferidas por Libra, mesmo que sua origem seja das mais modestas, ele sempre conseguirá alcançar um grande prestígio social.

Em certas ocasiões, a posição social dos nativos de Libra poderá sofrer forte abalo, por motivos profissionais, por questões de família ou por um caso ruidoso com elementos do sexo oposto. Algum parente muito próximo ou um dos progenitores do libriano também poderá provocar algum acontecimento de repercussão desagradável.

O sucesso dos nativos de Libra sempre estará ligado à família e aos bens materiais. Quando o libriano passar por uma fase negativa em seus negócios ou tiver questões sérias com seu cônjuge ou com a família, seu prestígio social sempre sofrerá os reflexos desses acontecimentos. É necessário muito cuidado com qualquer relação amorosa ilícita, pois, envolvendo-se com pessoas de boa posição mas de moral muito duvidosa, o libriano se verá implicado em ruidoso escândalo que trará desagradáveis conseqüências para sua posição social e para suas finanças.

Finanças

Por pertencerem a um setor zodiacal que domina sobre a complementação e as associações, os librianos sempre se unem profissionalmente a outras pessoas, às vezes assumindo a principal responsabilidade, outras vezes funcionando como colaborador. Sempre, todavia, costumam ter mais sorte quando agem sozinhos ou quando lhes cabe a direção e a responsabilidade geral dos empreendimentos. Como são muito particulares em seus métodos de ação, dificilmente se conformam em dividir as responsabilidades com outras pessoas; a suportar uma sociedade em termos insatisfatórios preferem resignar-se a uma posição subalterna, onde não partilham das honras, mas também não levam as preocupações para casa.

A situação financeira do libriano, do mesmo modo que sua posição social, sofrerá os reflexos de sua personalidade, isto é, será próspera se ele for ambicioso e dinâmico e será modesta se for um tipo acomodado e passivo. Libra traz muita sorte aos seus nativos, que não terão de lutar muito se desejarem construir uma vida cheia de prosperidade; terão, apenas, de utilizar suas inúmeras faculdades, fazer bom uso de sua simpatia, que é imensa, e perseverar em seus objetivos.

Por herança, por associação ou por morte do associado, os librianos poderão conseguir grande fortuna e pelos mesmos motivos poderão perdê-la. Suas propriedades, seus bens e seus negócios quase sempre estão vinculados à família, a parentes próximos ou ao cônjuge; por mais que o nativo de Libra queira se livrar desses laços, estará sempre, de um modo ou de outro, preso à família por negócios.

Empregados ou auxiliares de posição inferior poderão causar prejuízos financeiros e também morais, pois serão intrigantes e invejosos. Há perigo de sabotagem, ou traição por parte de empregados de confiança, que se aproveitarão de sua intimidade para prejudicar os negócios dos librianos. Máquinas poderão trazer grandes lucros ao nativo de Libra, mas também poderão causar-lhe graves prejuízos.

As finanças dos que nascem neste signo às vezes passarão por crises bem graves. Em certas ocasiões haverá grande instabilidade financeira e esta sempre será paralela a perturbações com a família ou com o cônjuge. Existe uma espécie de ligação entre todos os setores da vida dos librianos, e quando uma coisa se desequilibra, o conjunto todo começa a falhar. Esses períodos de instabilidade financeira poderão durar pouco tempo, se o libriano for enérgico e positivo, mas poderão se prolongar, com danosos resultados, se ele se deixar vencer pelo desânimo.

O exagero no gastar, a inclinação para o luxo e para os prazeres, o amor pelas boas roupas, pelas jóias e pelas coisas caras e também, em muitos casos, as despesas com aventuras românticas, poderão dar causa a sérios problemas financeiros na vida dos librianos.

Saúde

Libra proporciona, aos que nascem sob a benéfica influência de suas estrelas, uma vida longa e uma saúde excelente, desde que observadas certas precauções indispensáveis.

O planeta Vênus rege os órgãos genitais, internos e externos, especialmente os femininos. Governa os quadris, as nádegas, os seios, os rins, o fígado, a garganta, o nariz e também o olfato. As boas vibrações venusianas podem dinamizar essas partes, tornando-as perfeitas, mas os aspectos cósmicos negativos podem ocasionar toda espécie de distúrbios nos órgãos ou locais do corpo por ela governados.

O signo de Libra domina sobre a procriação e também pode determinar a esterilidade. Anatomicamente, rege a coluna vertebral, os rins, a bexiga, o umbigo e a região lombar. Exerce, ainda, forte influência sobre as glândulas supra-renais e o sistema vasomotor. Por determinação da Balança e do planeta Vênus, os librianos estão sujeitos a diabetes, cálculos renais, distúrbios do aparelho urinário, incômodos na coluna vertebral, moléstias do fígado, alergias e moléstias da pele, doenças venéreas e histeria.

Os nativos deste signo devem, ao menor sinal de incômodo, procurar conselho médico porque Libra dá muito boa saúde, mas, em virtude da depressão do Sol, ela proporciona pouca vitalidade, e qualquer moléstia mal tratada poderá ter conseqüências graves. Um dos aspectos desfavoráveis de Libra é a tendência para a gordura, que se manifesta principalmente depois dos 40 anos de idade. Como a Balança inclina aos prazeres da mesa e ao gosto pelos docinhos e petiscos, o libriano poderá engordar por gulodice; poderá, também, ganhar peso em virtude da retenção de líquidos, pois Libra e Vênus, em más condições cósmicas, determinam um funcionamento deficiente dos rins e, como conseqüência, eliminação insuficiente dos líquidos ingeridos. Quando sentirem que o peso vai aumentando, os nativos de Libra devem procurar um médico, a fim de evitar a gordura excessiva que sobrecarregará o coração e o sangue, encurtando assim o tempo de vida.

Este signo às vezes dá pronunciada tendência para a melancolia. Os maus negócios, as perturbações financeiras e as questões domésticas que o libriano tem de enfrentar e resolver sempre se refletem em sua saúde; quando ele pertence ao tipo melancólico, esses problemas causam grave abalo em sua saúde, sendo sempre aconselhável combater todos os estados de espírito negativos, que poderão trazer conseqüências muito sérias.

Todos os librianos que quiserem gozar de excelente saúde devem adotar um estado de ânimo jovial e positivo, devem cuidar de qualquer anormalidade na saúde, devem tomar muitas vitaminas, evitar os excessos no comer e no beber e dar ao corpo muito sol e bastante repouso. Desse modo, viverão longos anos, sempre de posse de todas as suas energias.

Amigos

Os amigos sempre serão fonte de alegria e prazer para os nativos do signo da Balança, que neles encontrarão companheiros sinceros, fiéis, honestos e constantes.

Com a ajuda de seus amigos, os librianos poderão entrar em contato com pessoas altamente colocadas, que os favorecerão em seus negócios ou que os ajudarão a realizar seus projetos. Também, por meio de amigos importantes, os nativos de Libra poderão obter entrada em ambientes elevados onde farão excelentes relações que aumentarão seu prestígio e repercutirão beneficamente em suas finanças e em seus empreendimentos.

Há um ponto que deve ser sempre lembrado: muitos companheiros dos nativos deste signo serão criaturas não-convencionais, originais e gostarão de viver de modo extravagante; os librianos de vontade mais débil poderão ser conduzidos a excessos no amor ou na bebida, ou a uma vida movimentada e pouco sadia, o que trará prejuízo não só às suas finanças como, também, à sua saúde.

Inimigos

Se os amigos prometem ser generosos, honestos e sinceros, os inimigos dos nativos deste signo mostrar-se-ão traiçoeiros, mesquinhos e desagradáveis. Dificilmente o libriano arranjará inimigo de seu mesmo nível social, sendo todos os adversários de condição inferior, seja por nascimento ou por educação.

Empregados que trabalhem nos serviços domésticos ou em qualquer função onde estejam sendo pagos pelos librianos, devem sempre ser encarados com muita cautela; devem ser tratados com bondade, mas a intimidade sempre será prejudicial, pois alguns deles se mostrarão traiçoeiros e invejosos.

Por alguma disputa relativa a uma herança ou por alguma questão de ordem familiar, o nativo de Libra poderá se indispor com um parente próximo que se tornará seu inimigo, não oferecendo grandes perigos, mas trazendo mil pequenos aborrecimentos. Todos os adversários que existirem na vida dos librianos sempre tentarão prejudicar sua vida íntima; serão sempre adversários mesquinhos, que incomodarão por sua própria baixeza.

Viagens

Por pertencer a um signo de ritmo impulsivo, o libriano é um amante das viagens, dos passeios e das novidades. Pelas condições cósmicas do seu tema astrológico, essa tendência se reforça; assim, ele sempre sente um enorme prazer quando pode fugir do seu lar, dos seus compromissos e de sua rotina diária e entrar num avião, num trem ou num navio, tendo diante de si a agradável perspectiva de uma nova viagem.

As viagens, mesmo por negócios, sempre andarão misturadas com o prazer, pois o libriano não sabe fazer nada com a mente sem dar uma pequena participação ao seu corpo, a título de compensação. Assim, mesmo viajando por motivos comerciais, ele sempre faz novas amizades, vai a novos restaurantes, e não perde oportunidade para conhecer novos lugares e enriquecer seu tesouro de experiências pessoais.

As viagens para o exterior poderão trazer lucro e prazer. Numa delas o nativo poderá iniciar importante negócio ou assinar importante contrato que terá grande repercussão em sua vida e em sua posição social. Durante uma de suas ausências algo desagradável poderá suceder aos seus negócios, não sendo prudente deixá-los em mãos estranhas durante muito tempo.

Profissões

As profissões protegidas por Libra e por seu regente Vênus são inúmeras e, como já dissemos, os librianos têm suficiente capacidade mental para vencer em qualquer campo de atividade humana; assim, nada lhes falta para que possam realizar tudo quanto desejarem.

Como nativos de um signo aéreo, eles podem criar, organizar, dirigir, analisar, criticar, compreender e assimilar. Podem, portanto, dedicar-se à Medicina, à Advocacia, à Engenharia, às Armas ou à Política. Podem ser professores, sociólogos, lingüistas, juristas ou economistas. Na música podem conseguir fama imorredoura como Giuseppe Verdi ou Franz Lizt; na carreira militar podem conduzir exércitos à vitória ou à derrota, como o Almirante Nelson ou como o nazista Marechal Von Paulus; podem dominar as massas e liderar revoluções como Dom Pedro I e Juan Perón; na Arte podem aspirar à mesma glória de um Watteau ou de um Michelangelo e na Filosofia podem sonhar com a grandeza de um Nietzsche ou de um Friedrich Engels, todos nascidos sob as poderosas estrelas da Balança.

Tanto nos postos de maior responsabilidade como nas ocupações de menor importância política ou social, Libra oferece sucesso e riqueza aos seus nativos. Os librianos poderão ter grande êxito se se dedicarem a qualquer negócio relacionado com a navegação, com os transportes marítimos e com a importação e exportação, principalmente de gêneros alimentícios e bebidas. Poderão, ainda, fazer fortuna quando se dedicarem ao ramo de hotéis, bares, restaurantes e toda espécie de casas onde se vendam alimentos. Também a compra e a venda de antiguidades e de objetos de arte, principalmente importados, poderão trazer-lhes muito dinheiro.

Todos os assuntos governados por Vênus poderão ser explorados com êxito pelos nativos deste signo. Os librianos podem fazer fortuna comerciando com roupas e tecidos, desde a criação de novos padrões e novos modelos até a confecção de peças exclusivas ou sua industrialização e venda em grande escala. Também os perfumes, os cosméticos, as peles, as jóias, os sapatos, as bolsas, as luvas, os salões de beleza, as perfumarias, etc., podem trazer prestígio e dinheiro aos que nascem sob a influência dos raios venusianos, que protegem tudo o que se relaciona com a beleza e a elegância, do homem e da mulher.

Os trabalhos de decoração e a confecção de móveis artísticos também estão sob a regência de Vênus. Os librianos, além de todas as atividades já apontadas, também poderão dedicar-se ao teatro, ao cinema, ao rádio, à televisão ou a qualquer profissão ligada ao gesto, à interpretação e à palavra escrita ou falada. Igualmente, aproveitando a potência mental oferecida por Libra, seus nativos poderão dedicar-se à publicidade, à publicação ou ao comércio de livros ou a qualquer atividade a eles ligada.

Síntese

Nenhum signo é melhor ou mais poderoso do que os outros. Todos eles possuem elevadas qualidades e todos eles dão iguais oportunidades aos que nascem sob sua proteção. Algumas criaturas, todavia, nascem com maus aspectos cósmicos, que diminuem sua capacidade de luta e seu dinamismo. Outras não aproveitam as vibrações do seu signo porque são tímidas, porque foram mal orientadas na infância ou porque lhes falta estímulo para lutar.

O libriano raramente precisa de estímulos. É autosuficiente, ambicioso, enérgico, recebe poderosamente a vibração da Balança e geralmente só peca por um vício: o demasiado amor ao seu conforto, ao seu corpo e ao seu prazer. Estas tendências são provocadas por Vênus que determina, em seus protegidos, um carinho quase sensual por seu próprio bem-estar físico.

Vencida esta debilidade, se o nativo de Libra quiser enfrentar o mundo armado com o poderoso potencial de energia e capacidade que a Balança lhe proporciona, nada lhe será negado. Todos os objetivos serão facilmente alcançados e a fortuna jamais fugirá ao seu chamado, pois ela também obedece ao rigoroso senso de justiça de Têmis; premia quem é merecedor.

A CRIANÇA DE LIBRA

A criança nascida sob as benéficas estrelas de Libra geralmente tem um gênio bom; é fácil de ser conduzida, educada e orientada. Tem uma mente extraordinariamente atenta, um temperamento alegre e comunicativo e é sempre dotada de uma irresistível simpatia, conseguindo fazer com que todos fiquem presos ao seu sorriso ou à sua maneira gentil e toda particular. As covinhas são a marca particular de Libra e, principalmente, de Vênus e é fácil reconhecer, por elas, quem recebe de modo mais forte a poderosa vibração conjugada da Balança e de Vênus.

Libra promete uma infância sadia e sem grandes acontecimentos. Alguns librianos, conforme as determinações cósmicas de seu instante natal, poderão ser criados em casa estranha, longe de seus pais, mas isso não deixará marcas em sua personalidade, a não ser que sejam maltratados ou que se sintam desprezados.

A energia própria deste signo, que torna seus nativos auto-suficientes e independentes, manifesta-se nos librianos desde a mais tenra idade; as crianças nascidas nesse signo gostam de resolver sozinhas os seus pequeninos problemas; logo aprendem a comer sem o auxílio da mamãe e procuram andar e falar muito cedo. Gostam imensamente de companhia para suas brincadeiras, mas também sabem brincar sozinhas. Não são medrosas e geralmente dormem muito bem sem necessidade de que alguém lhes faça companhia.

A vaidade é uma das grandes debilidades da Balança. Desde cedo, deve-se ensinar o pequeno libriano a sentir orgulho de sua inteligência, de sua boa educação ou de sua habilidade em fazer as coisas, transferindo assim a vaidade para outro setor que não o da aparência física. As crianças deste signo são muito cuidadosas com suas roupas e com seus brinquedos e quando agem de modo contrário é porque estão revoltadas contra alguém ou estão se sentindo infelizes.

O egoísmo também é defeito próprio de Libra. A criança nascida sob esta influência é acentuadamente egoísta, vive encerrada em seu mundinho particular, quer ser bem tratada, bem vestida e bem alimentada, exige que todos a sirvam e gosta de se ver rodeada de carinhos e atenções. Na maioria das vezes é só a partir dos sete anos que ela começa a tomar conhecimento dos problemas dos adultos e a emocionar-se ou a rir com eles. Até esse momento vive muito dominada por suas preferências, simpatias e desejos, para perceber que as outros também têm desejos e simpatias. Isto não significa que ela seja uma criança fria; ao contrário, tem imensa capacidade para amar, mas até certa idade sua tendência é a de acreditar que o mundo existe simplesmente para ela e que tudo e todos lhe pertencem.

Em virtude da depressão solar, as crianças nascidas neste signo têm grande necessidade de vitaminas, alimentação muito sadia e bastante sol e ar puro. Quanto mais sol elas receberem, melhor será a sua saúde. Geralmente são boas dorminhocas e isso lhes faz bem, pois o sono também é indispensável ao seu organismo, que procura compensar a menor energia solar que está apta a receber. Também por efeito de grande sensibilidade nervosa induzida por todos os signos aéreos, o pequeno libriano poderá sofrer alguns fenômenos nervosos em sua primeira infância. Está sujeito, igualmente, a alergias ou afecções da pele, voltando o sol, novamente, a ser indicado como o maior auxiliar de sua saúde e de seu bem-estar.

As pequeninas criaturas de Libra são observadoras atentas, têm grande senso crítico e uma facilidade imensa para gravar gestos e palavras. Para elas, a melhor escola é o exemplo e os adultos devem ter o máximo cuidado com tudo o que dizem ou fazem na sua frente, pois ela gravará fielmente esses ensinamentos, bons ou maus. Libra é um signo de inteligência e de sensibilidade. Todo o trabalho, todo o carinho, toda a atenção que os pais dispensarem a seus filhos nascidos neste signo, mais tarde serão compensados com muita satisfação e orgulho; a Balança costuma produzir grandes criaturas que necessitam apenas de orientação e carinho para realizar grandes obras.

O TRIÂNGULO DE AR

O elemento ar se manifesta em três signos: GÊMEOS — LIBRA — AQUÁRIO. Sua polaridade é masculina, sua vibração é expansiva, penetrante, transformadora e magnética. Sua essência, naturalmente, é única, mas em cada um desses três signos ela sofre modificações, de acordo com as seguintes influências:

- situação zodiacal do signo, como Casa *angular, sucedente* ou *cadente,* na qual se manifestará o agente que impulsiona, que realiza ou que aplica;
- sua correspondência com as leis cósmicas de equilíbrio, em conformidade com as três modalidades de ritmo: *impulso, estabilidade* e *mutabilidade.*

De acordo com a vibração própria de cada signo, é fácil saber se o nativo irá viver e agir norteado por suas emoções, por suas sensações ou por seu raciocínio. Isto nos é revelado pela palavra-chave de cada signo. Na triplicidade do ar as palavras-chave são as seguintes: Gêmeos, INTELIGÊNCIA — Libra, HUMANIDADE — Aquário, UNIVERSALIDADE. Unindo-se essas palavras às determinações proporcionadas pela colocação do signo dentro do zodíaco e por sua modalidade rítmica, podemos, então, definir, de modo mais completo, o triângulo de ar.

Gêmeos	{ Aplicação / Razão / Mutabilidade	Inteligência
Libra	{ Ação / Sensação / Impulso	Humanidade
Aquário	{ Estabilidade / Emoção / Realização	Universalidade

O ar, como elemento comum a esses três signos, liga-os intimamente, e o libriano, além da influência de Libra e de seu regente, Vênus, recebe também as vibrações de Gêmeos e Aquário e de seus respectivos senhores, Mercúrio e Urano. Os nativos de Libra recebem, então, as irradiações desses signos e planetas de acordo com a data de seu nascimento. Vênus rege todo o signo da Balança mas tem força especial durante os primeiros dez dias; Urano tem influência participante nos dez dias seguintes e Mercúrio colabora na regência dos dez dias finais. Dessa forma, os librianos se dividem em três tipos diferentes que são os seguintes:

Tipo LIBRIANO–VENUSIANO
nascido entre 23 de setembro e 1º de outubro

Tipo LIBRIANO–URANIANO
nascido entre 2 e 11 de outubro

Tipo LIBRIANO–MERCURIANO
nascido entre 12 e 22 de outubro

Em todos os dias que integram o período que vai de 23 de setembro a 22 de outubro, a influência do elemento ar é extremamente poderosa. Durante esse período Libra é a constelação que se levanta com o Sol, ao amanhecer; oito horas mais tarde Aquário surge no horizonte e decorrido igual espaço de tempo chega a vez de Gêmeos. Dividindo-se, então, o dia em três períodos iguais, vemos que os três tipos librianos se transformaram em nove, mediante a combinação da hora e da data de nascimento. Estudando bem esses nove tipos ou nove faces de Libra, podemos interpretar com mais acerto a mentalidade e a vibrátil personalidade dos librianos.

AS NOVE FACES DE LIBRA

Tipo Libriano–Venusiano

Data de nascimento: entre 23 de setembro e 1º de outubro

Qualidades: inteligência, sensibilidade, imaginação criadora
Vícios: comodismo, indiferença, sensualidade

Hora natal: entre 6h e 13h59m

Neste momento cósmico nascem os tipos mais particulares da Balança, que costumam reunir todas as esplêndidas qualidades deste signo e de seu regente, Vênus. Estes librianos são magnéticos e atraentes e sua aparência física freqüentemente é muito favorecida pelas benéficas vibrações venusianas. São muito intuitivos, sendo difícil enganá-los. São inteligentes, capazes, ambiciosos e reúnem a audácia à prudência, apreciando os empreendimentos arriscados, mas procurando sempre realizá-los no momento exato.

Alguns librianos nascidos nesse período possuem uma vontade muito débil e são facilmente conduzidos ou pervertidos por outras criaturas de vontade mais enérgica. Devem sempre escolher seus amigos e seus companheiros com muito cuidado, porque Vênus às vezes dá muita tendência para o materialismo e para a sensualidade.

Hora natal: entre 14h e 21h59m

Os librianos que aqui têm o seu momento natal, apesar de dotados da mesma sensibilidade e da mesma fina intuição que os nativos do período anterior, são mais racionais e menos emotivos, guiando-se mais pela razão do que por suas impressões e sentimentos.

Possuindo elevada capacidade mental, estes librianos poderão obter sucesso em qualquer atividade artística, intelectual, científica ou comercial. Seu sistema nervoso é bastante delicado e como costumam pôr o corpo e a alma em ação, quando se apaixonam por um projeto, sempre ficam sujeitos a crises de depressão ou esgotamento. Os nativos da Balança deste período são menos sociáveis e comunicativos que os do período anterior, mas são muito firmes nas suas afeições e muito determinados em suas atitudes, jamais retrocedendo quando resolvem empreender qualquer tarefa.

Hora natal: entre 22h e 5h59m

Os librianos que nascem neste período são inquietos, alegres, buliçosos, simpáticos e sociáveis. Possuem extrema sensibilidade nervosa e sentem profundamente os ambientes e as pessoas. São sujeitos a crises depressivas e às vezes mergulham em profunda melancolia, sem razão aparente.

Este momento cósmico dinamiza extraordinariamente a inteligência, e esses librianos impressionam por sua vivacidade mental, por suas observações agudas e por seu desenvolvido senso crítico. São, todavia, muito inconstantes em seus esforços e são também bastante comodistas, deixando escapar muitas oportunidades excelentes apenas porque têm preguiça de lutar.

Os tipos negativos deste período, além de sensuais e frios, possuem acentuada malícia e são, às vezes, muito desonestos.

Tipo Libriano–Uraniano

Data de nascimento: entre 2 e 11 de outubro

Qualidades: inteligência, constância, reflexão
Vícios: frieza, perversidade, comodismo

Hora natal: entre 6h e 13h59m

Estes nativos da Balança são mais lentos, tranqüilos e equilibrados que os nativos do decanato anterior. Recebendo a poderosa vibração de Urano, estes librianos perdem um pouco em emotividade, mas ganham em profundidade. São reflexivos, concentrados e persistentes, não discutem, mas também não cedem quando se julgam com a razão e sabem ser de uma obstinação extrema quando resolvem realizar qualquer coisa. São menos sociáveis e comunicativos do que os tipos já analisados, embora tenham a mesma natureza afetiva e delicada.

Aqui podem surgir criaturas estranhas, muito superiores ou muito perversas, como Gandhi ou como Himmler, ambos nascidos nesse período. Este é um período de influências poderosas, devendo os seus nativos arrancar o máximo de suas qualidades positivas.

Hora natal: entre 14h e 21h59m

Os librianos desse momento cósmico têm uma natureza muito semelhante à dos nativos de Aquário; são rebeldes, não discutem mas também não cedem e fazem só aquilo que querem, e sua personalidade é original e não-convencional, pouco afeita à vida social tão do agrado dos nativos da Balança.

Este período sensibiliza muito o sistema nervoso dos que nascem sob sua influência e estes librianos devem sempre cuidar da saúde ao menor sintoma de esgotamento. As vibrações desse período são muito benéficas; apesar do seu gênio estranho, os librianos nascidos nesse período têm uma enorme capacidade de sacrifício e podem dedicar toda a sua vida a uma criatura ou a um ideal; os tipos negativos são muito frios e indiferentes e possuem um acentuado egoísmo, não dando a menor importância aos seus semelhantes.

Hora natal: entre 22h e 5h59m

Este momento cósmico tem uma vibração muito elevada e benéfica. Seus nativos são alegres, afetivos e gentis. Possuem extrema sensibilidade e tanto sentem os ambientes e as pessoas como também costumam magoar-se ou ressentir-se com qualquer palavra menos amável. São muito inteligentes, têm grande capacidade de trabalho mas são um pouco inconstantes em seus esforços, e por isso às vezes sentem uma certa dificuldade em construir seu sucesso e sua fortuna.

Os tipos positivos são muito brilhantes e sempre impressionam por suas maneiras, por seu modo de falar e por seus gestos, que são muito pessoais e elegantes. Os tipos negativos são muito perigosos porque possuem também esse magnetismo que é próprio de Libra e dele se aproveitam para explorar os incautos.

Tipo Libriano–Mercuriano

Data de nascimento: entre 12 e 22 de outubro

Qualidades: inteligência, sensibilidade, inspiração
Vícios: indiferença, inconstância, frieza

Hora natal: entre 6h e 13h59m

Os librianos nascidos neste período possuem uma natureza muito amável e gentil. Sua aura é atraente e magnética, fazem amigos com muita facilidade e têm um gênio alegre e jovial. Gostam muito de fazer planos e de discutir suas idéias, mas sabem guardar rigoroso sigilo a respeito de suas coisas mais íntimas. São tipos idealistas e ao mesmo tempo utilitários e sempre procuram unir o máximo de prazer ao máximo de lucro.

Esses nativos da Balança estão sujeitos a períodos depressivos e às vezes demonstram grande instabilidade emocional. Os tipos superiores são extraordinariamente sensíveis e inteligentes e costumam sentir forte inclinação para as atividades artísticas ou intelectuais. Os tipos inferiores são vaidosos, orgulhosos, frios e, às vezes, bastante desonestos.

Hora natal: entre 14h e 21h59m

Este momento cósmico determina o nascimento de criaturas de temperamento muito contraditório, às vezes alegres, sociáveis e comunicativas, e outras vezes irritáveis, ásperas e pouco gentis. Estas alternativas de sociabilidade e agressividade são, geralmente, acompanhadas de estados depressivos. É interessante o nativo combater essas alterações de humor porque os aspectos oferecidos por este período são extraordinariamente favoráveis e não devem ser desperdiçados.

Esta vibração proporciona grande sensibilidade e dá uma inteligência brilhante; os indivíduos que nascem nesse período podem criar, organizar e dirigir, sabem fazer-se obedecer e têm uma espantosa capacidade para memorizar, assimilar e aprender, estando, portanto, aptos para realizar as mais difíceis tarefas.

Hora natal: entre 22h e 5h59m

Estes librianos geralmente possuem uma personalidade muito inquieta. São independentes, não gostam de obedecer ordens, não costumam respeitar os horários a não ser que seja de sua absoluta conveniência chegar no momento marcado. São sentimentais e emotivos, mas, ao mesmo tempo, práticos e utilitários e sempre preferem as coisas que juntam lucro ao prazer.

Estes librianos têm um raciocínio muito lógico, uma inteligência muito viva e são extremamente ambiciosos. Estão, todavia, como muitos nativos de signos aéreos, sujeitos a períodos de depressão ou melancolia.

É aconselhável, para qualquer tipo astrológico, combater esses estados depressivos porque eles diminuem as energias físicas, mentais e espirituais, deixando o corpo e a alma vulneráveis a qualquer ataque.

LIBRA E O ZODÍACO

Harmonias e desarmonias no plano das relações de amizade, de amor e de negócios entre os nascidos em Libra e os nascidos em outros signos.

Nenhum ser humano vive protegido por uma campânula de vidro, livre de contato direto com seus semelhantes. No lar, na convivência com amigos, ou no trato dos negócios estamos constantemente interagindo com inúmeras pessoas: algumas nos agradam porque têm um temperamento igual ao nosso ou porque nossas predileções são idênticas; outras não nos são simpáticas porque representam o oposto do que somos ou do que desejaríamos ser. Devemos aprender a reconhecer nossos irmãos zodiacais e a apreciar suas qualidades. Observando-os poderemos, então, saber se aquilo que neles existe e que nos parece ruim talvez seja melhor do que o que existe em nós. Assim, o que seria motivo para antagonismos, passa a atuar como fator de complementação e aperfeiçoamento.

Dentro da imensidão de estrelas que povoam a galáxia chamada Via Láctea, o nosso Sol é um modesto astro de quinta grandeza, que se desloca vertiginosamente rumo a um ponto ignorado do Universo, carregando consigo seus pequeninos planetas com seus respectivos satélites; dentro, porém, do conceito igualitário do Criador, esse diminuto Sol e a insignificante Terra, com seus habitantes mais insignificantes ainda, têm uma importância tão grande quanto o incomensurável conjunto de nebulosas e seus bilhões de estrelas.

Somos átomos de pó, comparados com as galáxias e as estrelas, mas cada um de nós é um indivíduo que vive e luta. Para nós, nossos próprios desejos, predileções, antipatias e simpatias, têm uma magnitude infinita. Temos de enfrentar problemas dos quais dependem nossa felicidade e sucesso. Para resolvê-los precisamos, quase sempre, entrar em contato com muitas outras criaturas que pertencem a signos diferentes do nosso.

Amor, amizade e negócios são os três ângulos que nos obrigam à convivência com outros tipos astrológicos. Analisando-os, estudaremos o sensível signo de Libra em relação aos demais setores do zodíaco. Conhecendo as qualidades positivas ou negativas dos nativos dos outros signos, o libriano poderá encontrar a melhor fórmula para uma vivência feliz, harmoniosa e produtiva.

LIBRA–ÁRIES. No grande zodíaco intelectual, que representa os doze trabalhos de Adam Kadmon, o homem arquetípico, Áries é o signo que representa o indivíduo pronto para dominar o mundo; Libra é seu signo oposto e simboliza o complemento, o cônjuge ou o associado.

Vênus, o regente de Balança, é o símbolo da energia feminina, ao passo que Marte, o senhor de Áries, simboliza a energia masculina, ou ativa. A união de ambos pode resultar em grande harmonia espiritual, em virtude da complementação cósmica que se processa; pode, também, resultar numa comunhão puramente material, sensual e grosseira.

O ariano é violento, impulsivo, egoísta e dominador. Para ele o *eu* é sempre mais importante que o *nós*. Seus desejos são soberanos e sua vontade deve ser sempre obedecida. É inteligente, sua força criadora é maravilhosa, mas falta-lhe o humano e elevado sentido de fraternidade que o signo de Libra proporciona aos seus nativos. Dificilmente os librianos convivem harmoniosamente com os arianos, que têm uma personalidade turbulenta e inquietante, que vem perturbar seus desejos de ordem, paz e eqüidade. Por outro lado, o nativo de Áries sempre é um líder, e o nativo da Balança, com toda a sua natureza gentil, luta como um leão quando alguém tenta fazê-lo obedecer. Como o ariano não sabe viver sem dominar e o libriano não aceita ser dominado, as relações entre ambos sempre serão instáveis.

O ariano está sempre disposto a auxiliar os mais fracos. Quem precisar de sua ajuda deve pedi-la com palavras escolhidas, pois o nativo de Carneiro, embora generoso, é orgulhoso e gosta de ser tratado com respeito.

Amor — Para os arianos, dominadores e ciumentos, os nativos de Libra são excelentes companheiros devido ao seu gênio amável e pacífico. Para os librianos, todavia, a união com os nativos de Carneiro já não oferece os mesmos aspectos benéficos, pois não se sujeitarão a viver com um cônjuge demasiadamente possessivo, que exige mais do que dá.

Entre arianos e librianos quase sempre existe uma afinidade sensual muito pronunciada, o que faz com que o casamento traga satisfação material para ambos, embora dificilmente traga satisfação espiritual. Os matrimônios mais felizes acontecerão para os librianos nascidos entre 23 de setembro e 1º de outubro; esse decanato tem a regência pura de Vênus, que se harmoniza bem com Marte, senhor de Áries, e com Júpiter e Sol, que são participantes na regência do Carneiro. Unindo-se a arianos negativos, se houver uma separação judicial, o libriano sempre será prejudicado por seu cônjuge.

Amizade — Nas amizades, os prognósticos oferecidos por Libra e Áries são mais harmoniosos do que os observados nos casamentos e uniões. Todavia, também as relações fraternas entre estes tipos astrológicos prometem ser instáveis e de duração incerta; isso não será por culpa dos librianos, que são sinceros em suas afeições mas, sim, por debilidade dos arianos que são muito inconstantes, tanto no amor como na amizade.

Os nativos de Carneiro, quando inferiores, são materialistas e sensuais. Os librianos devem evitar uma convivência demasiadamente íntima com eles, porque poderão ser conduzidos a uma vida desregrada, que prejudicará sua saúde. Também a paz doméstica poderá ser perturbada por certos amigos negativos, nascidos em Áries.

Toda e qualquer aproximação com arianos inferiores sempre será maléfica para os librianos, pois seus sentidos grosseiros e materiais serão dinamizados.

Negócios — Áries e Libra são signos impulsivos e tanto os librianos como os arianos têm capacidade para criar, habilidade para conduzir e sabem fazer-se obedecer; o nativo de Áries, porém, sempre necessita de alguém que o ajude a concretizar suas idéias ao passo que o libriano tanto idealiza como realiza, sendo, portanto, capaz de bastar-se a si mesmo.

O ariano é criador magistral, mas dificilmente tem habilidade para concretizar seus planos; associando-se com ele, o libriano deve ter cuidado para não ser absorvido por seu sócio, que o deixará sempre encarregado da parte mais dura da empresa. Os nativos da Balança devem evitar todas as demandas e questões judiciais em seus negócios com os arianos; elas, quase sempre, trarão resultados favoráveis aos librianos, mas trarão também tantos aborrecimentos de ordem social ou financeira que, na maior parte das vezes, a vitória legal não trará compensação suficiente.

LIBRA–TOURO. Entre nove regentes zodiacais, existem apenas dois de energia passiva ou feminina: Vênus e Lua. A primeira é o símbolo da natureza-amante, sensual, sensível e inspiradora, e a segunda é a natureza-mãe, mística, emotiva e imaginativa.

Enquanto Libra é um signo aéreo, de constituição quente-úmida e de ação expansiva, Touro é um signo de terra, de constituição frio-seca e de ação limitadora e coesiva. Nele, a manifestação de Vênus é mais terrestre e se assemelha bastante à vibração lunar, pois rege a energia sexual feminina, protege a procriação dos homens e animais e a floração e frutificação dos vegetais; é a personificação de Vênus como Ferônia, a deusa sabina da fertilidade, que simbolizava a natureza fecunda.

Em Libra a presença venusiana tem uma manifestação bem diversa e seus raios tendem a sublimar a mente, influindo menos sobre a parte material e refinando as emoções e os sentimentos. É importante notar que em ambos os signos Vênus induz os mesmos defeitos e seus raios negativos se manifestam do mesmo modo nos inteligentes e cautelosos taurinos e nos sensíveis e exigentes librianos; sensualidade, comodismo, preguiça, materialismo, imoralidade e amor excessivo às roupas, jóias, adornos, etc., são as tendências sempre encontradas nos tipos inferiores de Libra e de Touro.

Os taurinos são sociáveis, amáveis, bondosos e gostam de ajudar o próximo. Quem precisar de seu auxílio não terá de esperar muito, especialmente se souber tratá-los com a gentileza, que sempre apreciam.

Amor — Os casamentos entre taurinos e librianos prometem bastante felicidade: o taurino é sincero, constante e carinhoso e quando ama costuma dedicar-se, de corpo e alma, ao lar e à criatura amada. Os nativos de Libra sentem a necessidade de conviver com uma criatura assim, capaz de estruturar o lar ideal com que todos eles sonham. A felicidade do casal poderá ser prejudicada por interferência de membros da família ou por intrigas feitas por parentes. Casos de dinheiro ou questões por heranças ou propriedades, deixadas por pessoa da família, também poderão trazer discórdia e até separação.

Os librianos devem precaver-se contra taurinos de vibrações inferiores, que são sensuais, materialistas e imorais. Questões com papéis, documentos ou dinheiro poderão levar o libriano aos tribunais, especialmente se o seu cônjuge tiver nascido entre 30 de abril e 9 de maio, período este que recebe a influência de Mercúrio, que freqüentemente determina questões legais, intrigas e escândalos.

Amizade — As amizades entre librianos e taurinos poderão ser agradáveis, sinceras e duradouras. Os nativos de Touro encaram os estranhos com muita desconfiança e só admitem na intimidade do seu lar aqueles que julgam dignos de toda a fé, agindo como librianos que, embora tenham um amplo círculo de relações, só dão sua amizade a uns poucos bem escolhidos.

Quando librianos e taurinos se unem fraternalmente sempre há a possibilidade de que ambos se interessem por pesquisas espiritualistas ou por estudos herméticos. A amizade também poderá dar motivo a uma associação comercial bastante lucrativa para ambos.

Os nativos de Libra devem evitar demasiada intimidade com os tipos inferiores de Touro, principalmente os nascidos entre 10 e 20 de maio; este decanato de Touro é regido por Saturno, que é hostil a Vênus e que, quando negativo, determina inveja, crueldade e perversão.

Negócios — Tanto os nativos de Libra como os nativos de Touro possuem desenvolvido instinto comercial e geralmente são protegidos por uma boa estrela que os ajuda a ganhar dinheiro com bastante facilidade; os librianos não gostam do esforço físico, preferindo sempre as tarefas intelectuais; os taurinos, apesar de comodistas, são excelentes elementos de complementação, têm uma extraordinária capacidade de trabalho e são constantes e leais. Apoiando-se mutuamente, ambos poderão ter excepcional sucesso nos negócios e como a honestidade é dote que eles sempre possuem, nenhum dos dois terá que temer uma traição do sócio.

As melhores associações comerciais acontecerão quando os librianos se unirem a taurinos positivos, nascidos entre 30 de abril e 9 de maio; este decanato de Touro tem a regência participante de Mercúrio, que possui grande afinidade com o signo de Libra.

LIBRA–GÊMEOS. Os três signos de ar, Gêmeos, Libra e Aquário, proporcionam aos seus nativos a mesma natureza sensível e intuitiva, a mesma capacidade para analisar e criticar e o mesmo poder de dominar através da palavra, escrita ou falada, e da inteligência. O elemento ar, em Aquário, é mais frio e rarefeito e seus nativos são mais profundos e concentrados que os nativos de Gêmeos e Libra. Embora sociáveis e alegres, os aquarianos sentem grande necessidade de solidão, diferindo bastante dos geminianos e librianos, para quem a companhia humana é extremamente necessária.

Os nativos de Gêmeos e de Libra têm naturezas muito semelhantes. À sua maneira, são contraditoriamente egoístas e generosos, indiferentes e afetivos. Não temem o trabalho intelectual, mas sentem forte aversão a qualquer espécie de trabalho físico. Como pertencem aos espaços infinitos, onde a vida é eterna porque não tem forma e onde não existe mágoa ou dor, tanto os librianos como os geminianos procuram esquecer os mortos, as desgraças e os fracassos, fogem de tudo o que seja feio ou desagradável e são incansáveis perseguidores da beleza, da perfeição e da harmonia.

Mercúrio, o regente de Gêmeos, representa a inteligência e Vênus, a senhora da Balança, domina sobre a sensibilidade. Geminianos e librianos, trabalhando em conjunto, poderão realizar grandes obras, tanto artísticas como intelectuais ou científicas.

O geminiano oscila entre o afeto e a indiferença, o egoísmo e a generosidade; quem precisar de seus favores deve procurar falar-lhe no momento certo, senão dificilmente será atendido.

Amor — Gêmeos e Libra proporcionam grande afinidade mental entre seus nativos, mas raramente determinam atração sexual, ou física; sem essa atração todos os casamentos estão condenados ao fracasso e é o que geralmente acontece com os matrimônios realizados entre librianos e geminianos.

Para o nativo da Balança o casamento é uma instituição sagrada. Para o geminiano, que não gosta de se amarrar a laços ou compromissos, o matrimônio já não tem uma feição tão séria e é por isso que seu destino, quase sempre, traz a marca de uma separação, ou determina grande infelicidade conjugal.

Os matrimônios mais felizes acontecerão quando os librianos se afeiçoarem a alguém nascido entre 30 de maio e 8 de junho; este decanato dos Gêmeos tem a regência participante de Vênus, o que torna esses geminianos tão afetivos, constantes e sinceros quanto os próprios nativos da Balança.

Amizade — As relações fraternas estabelecidas entre librianos e geminianos serão profundas, sinceras e agradáveis. Existem grandes pontos de afinidade entre ambos e o libriano, mais calmo e estável, poderá ser muito útil ao inquieto nativo de Gêmeos, que é extraordinariamente inteligente, mas às vezes não sabe aproveitar suas próprias qualidades.

Alguns bons negócios, relacionados com papéis, viagens, traduções de livros ou intercâmbio cultural com algum país estrangeiro, poderão trazer sucesso e fortuna aos nativos de Libra e Gêmeos. Os librianos devem acautelar-se contra certos geminianos mais turbulentos e inquietos; alguns deles, principalmente os nascidos entre 9 e 20 de junho, poderão unir-se a organizações estrangeiras, de caráter subversivo, e o nativo de Libra se verá envolvido em complicações às vezes sérias.

Os melhores companheiros para os nativos de Libra serão os geminianos nascidos entre 21 e 29 de maio, primeiro decanato de Gêmeos.

Negócios — Libra e Gêmeos têm a mesma natureza aérea e têm os mesmos planetas dominando os seus decanatos, o que determina grande semelhança mental em seus nativos e lhes dá inúmeros pontos de afinidade. Em negócios, todavia, Gêmeos dá muita habilidade aos seus nativos, que são comerciantes mais espertos e maliciosos do que os librianos. A Balança, porém, dá mais sorte aos seus nativos, que costumam vencer com muito menos sacrifício e esforço que os geminianos.

Para que as associações entre nativos destes dois signos sejam vitoriosas, é necessário que seja escolhida uma atividade própria a ambos e que ela, de preferência, seja protegida por Mercúrio. Para os librianos, as associações feitas com geminianos nascidos entre 9 e 20 de junho serão bastante desfavoráveis; esse decanato de Gêmeos tem a regência participante de Urano, cujos raios são extremamente hostis a Vênus.

LIBRA–CÂNCER. A zero grau do signo de Câncer tem início o inverno, onde as tardes são sombrias, as noites são longas e geladas, as árvores se despem das folhas e as plantas parecem mortas. A zero grau do signo de Libra tem início o renascimento, o milagre que acontece quando chega a primavera, com suas chuvas fecundas e seu calor vital, fazendo com que a seiva deixe as raízes onde se refugiou e corra livremente pelos troncos e galhos, que assim se cobrem outra vez de folhas e flores.

No frio as criaturas se procuram para se aquecer mutuamente e os cancerianos são muito gregários, amáveis, afetivos, místicos, tímidos e românticos. Vivem irremediavelmente amarrados à família, por amor e por determinação cósmica, pois Câncer indica as gerações presentes, passadas e futuras, proporciona o respeito à tradição e marca a influência dos ancestrais sobre o indivíduo.

O libriano difere bastante do canceriano, mas espiritualmente ambos se entendem bem, porque comungam num ideal de paz, segurança e estabilidade. No horóscopo mensal dos nativos de Libra, Câncer ocupa a Casa que governa a evolução social, o prestígio, o crédito, o poder pessoal e a responsabilidade pública; isto indica que os librianos, por mais livres que se julguem, têm como fator importante em sua vida pública, fundas e misteriosas raízes que os ligam aos seus ancestrais.

Os cancerianos são muito fraternos e estão sempre dispostos a ajudar a todos. Quem desejar um favor seu será seguramente atendido, desde que seu pedido não interfira com a sua vida particular.

Amor — Os cancerianos são muito sinceros no amor e costumam viver para o lar, para os filhos e para a pessoa amada. O libriano que se afeiçoar a alguém nascido no signo de Câncer poderá estar seguro de ter um cônjuge fiel, constante, amoroso e dedicado.

O matrimônio poderá ser perturbado por intrigas feitas por parentes dos librianos ou do seu cônjuge. A interferência da família, na vida íntima do casal, sempre terá conseqüências desagradáveis, às vezes até mesmo bastante graves, podendo determinar separação amigável ou judicial.

A união com elementos de nível inferior ou de baixa educação poderá trazer graves prejuízos morais e sociais ao libriano, que será levado ao descrédito. É aconselhável muita cautela com os cancerianos negativos, especialmente os nascidos entre 4 e 13 de julho, que são violentos, coléricos e vingativos.

Amizade — As relações fraternas estabelecidas entre nativos de Libra e Câncer prometem ser longas, sinceras e agradáveis. Geralmente, quando os independentes librianos não se vêem amarrados por nenhum laço ou compromisso, costumam sentir-se muito mais à vontade; assim, sólidas e úteis amizades poderão desenvolver-se entre eles e os cancerianos, baseadas apenas nas elevadas qualidades induzidas pela Balança e pelo Caranguejo.

Câncer é governado pela Lua, que dá forte instinto comercial aos seus protegidos. Uma simples amizade entre librianos e cancerianos poderá terminar numa excelente associação, que trará satisfação e lucro para ambas as partes. É bom recomendar extrema cautela com os cancerianos de vibração negativa. Os librianos poderão sofrer graves prejuízos e aborrecimentos quando se unirem a cancerianos inferiores, principalmente nascidos entre 21 de junho e 3 de julho.

Negócios — Libra e Câncer dão grande habilidade comercial aos seus nativos e também proporcionam uma boa estrela que favorece a fortuna. Para os librianos, as associações comerciais com os cancerianos trarão resultados extraordinários quando se ligarem às atividades favorecidas pelos dois signos. Em outros casos, os resultados já serão duvidosos, pois tanto os nativos de Câncer como os de Libra só costumam vencer quando se dedicam às coisas que são protegidas por seu signo de nascimento e seu planeta regente.

A posição social e as finanças dos librianos poderão ser seriamente afetadas quando se associarem a cancerianos negativos, nascidos em qualquer um dos decanatos do Caranguejo. Para os librianos nascidos entre 2 e 11 de outubro, as associações com os nativos de Câncer já serão mais desfavoráveis, pois seu decanato recebe a influência participante de Urano, cujos raios são muito hostis às vibrações lunares.

LIBRA–LEÃO. A Balança e o Leão são setores zodiacais de vibrações muito benéficas; embora um pertença ao ar e o outro ao fogo, ambos são signos de paz, de ordem e de perfeição e determinam generosidade e amor ao próximo. O leonino, todavia, é menos racional e mais humano que o libriano; também detesta a sombra, a fraude e a mentira, mas enquanto o nativo da Balança se sujeita a determinados sacrifícios para vencer e para se elevar socialmente, o leonino, que também é ambicioso, só faz aquilo que quer e do modo que melhor lhe convier.

O Sol é o regente de Leão e os leoninos superiores são tipos vibrantes e possuem uma aura magnética vital e benéfica. Como o Sol se deprime no signo da Balança, a convivência com estes leoninos favorecerá muito os librianos, pois poderá proporcionar-lhes um pouco do calor e do entusiasmo que sempre falta a quem nasce neste setor zodiacal.

Alguns leoninos, fortemente dominados pela vibração solar e pela força animal do Leão, são muito imprevidentes, fazem tudo com intensidade, desconhecem a moderação e às vezes se queimam na chama do seu próprio ardor. Existem, porém, outros nativos de Leão que são mais estáveis, profundos e tranqüilos; sua companhia será altamente benéfica aos sensíveis librianos, que poderiam prejudicar-se convivendo com os tipos mais vibrantes.

O leonino é muito honesto e, embora seja muito generoso, só auxilia aqueles que agem com absoluta correção. Quem quiser o seu apoio terá de ser muito sincero se desejar ser atendido.

Amor — As uniões e casamentos entre leoninos e librianos podem prometer muita felicidade, prestígio e fortuna. O leonino, para o nativo de Libra, será sempre mais um amante do que um cônjuge e isso fará com que o amor existente entre ambos resista a muitas provas.

Amigos ou pessoas da família, vivendo na intimidade do casal, poderão ser causa de brigas ou discussões. Intrigas, cartas anônimas, desconfiança, ciúmes ou relações muito íntimas com outras pessoas do sexo oposto poderão determinar separação entre os cônjuges.

Os casamentos mais felizes geralmente acontecem quando os nativos de Libra se afeiçoam a alguém nascido entre 13 e 22 de agosto; este decanato de Leão tem a regência participante de Marte, cujos raios se harmonizam bem com as vibrações venusianas, o que determinará forte atração física entre librianos e leoninos.

Amizade — No horóscopo mensal fixo dos librianos, o soberano signo de Leão ocupa justamente a Casa dos Amigos, o que indica que os filhos de Libra sempre terão a fortuna de possuir companheiros generosos e leais. Indica, também, que todo amigo nascido sob as estrelas de Leão poderá ter forte influência, benéfica ou maléfica, em seu destino.

Os leoninos positivos, com sua aura benéfica e vitalizante, poderão dinamizar a energia mental dos librianos; assim, da amizade de ambos poderá surgir uma associação artística, intelectual, científica ou mesmo comercial, que trará grandes lucros e grande prestígio social.

Os leoninos inferiores poderão causar graves males aos librianos menos enérgicos, que serão conduzidos aos excessos no comer ou no beber, com prejuízo para sua saúde. Amizade com alguém do sexo oposto, nascido em Leão, poderá terminar em ruidoso escândalo, que abalará a felicidade doméstica do nativo de Libra.

Negócios — Os leoninos têm uma sorte magnífica em todos os seus empreendimentos e os librianos também costumam ser favorecidos pela fortuna. As associações entre ambos, porém, não costumam dar muito resultado, a não ser quando a atividade ou profissão escolhida é favorecida por Libra e Leão.

O êxito poderá ser grande quando leoninos e librianos se unirem para explorar qualquer das atividades onde Vênus e Sol tenham a mesma regência, especialmente as que se relacionam com Arte, antiguidades, objetos de decoração, joalheria, perfumes, peles, roupas, etc. Também no campo dos livros e publicações a união destes dois signos poderá trazer bastante fortuna, especialmente para os librianos.

As melhores associações, para os nativos de Libra, serão com os leoninos nascidos entre 22 de julho e 2 de agosto, decanato este que recebe a pura influência solar, que é sempre benéfica aos librianos.

LIBRA–VIRGEM. Os nativos de Virgem são inteligentes, concentrados, lentos, prudentes e metódicos. Por sua extraordinária agilidade mental costumam ser valiosos elementos de complementação, harmonizando-se bastante com os signos de natureza intelectual, como Libra.

Virgem é um signo de terra, de constituição frio-seca, sendo oposto a Libra, cuja natureza é quente-úmida. Em virtude, todavia, da regência de Mercúrio, que é um planeta essencialmente aéreo, Virgem tem muitos pontos de afinidade com a Balança, especialmente no que se refere à atividade intelectual e à capacidade mental; associando-se aos virginianos, os librianos terão oportunidade de realizar obras que dificilmente conseguiriam concretizar sozinhos.

A par de suas elevadas qualidades, Virgem também tem seu lado negativo, aliás, bastante perigoso. O virginiano inferior pode ser extremamente sensual, cruel e vingativo ou, então, fanaticamente casto, intrigante e mesquinho, pervertendo e destruindo tudo o que lhe causa inveja ou que não pode possuir. No horóscopo mensal dos librianos, Virgem ocupa o décimo segundo setor, que governa os mistérios ocultos, os inimigos, as traições, as prisões e os castigos humanos e divinos. Unindo-se a virginianos positivos, o libriano terá muito proveito e alegria, mas convivendo com os tipos negativos ele terá grandes prejuízos e mágoas.

Os virginianos acham que amparar o próximo é um dever moral. Quem precisar de seu auxílio deve solicitá-lo com humildade, pois Virgem gosta de amparar os fracos, mas não aprecia os orgulhosos.

Amor — O matrimônio entre librianos e virginianos não promete muita felicidade. Somente as uniões com os tipos mais evoluídos do signo de Virgem poderão ter resultados favoráveis. Os casamentos ou uniões com nativos de Virgem de vibração negativa fatalmente terminarão em separação, quase sempre ruidosa, o que será desagradável para os librianos, que não gostam de envolver-se em escândalos.

Empregados domésticos, subalternos ou pessoas de condição social inferior, serão causa de muitos aborrecimentos, e por meio de intrigas, calúnias ou cartas anônimas, procurarão separar o libriano de seu cônjuge. Os aspectos mais desfavoráveis para o casamento acontecerão quando o nativo de Libra se afeiçoar a alguém nascido entre 2 e 11 de setembro; esse decanato de Virgem recebe a influência participante de Saturno, cujos raios se opõem violentamente às vibrações venusianas.

Amizade — Os prognósticos relativos às amizades entre librianos e virginianos são muito oscilantes. Os nativos de Libra são exigentes na escolha de suas relações e só poderão ligar-se mais intimamente aos nativos de Virgem que pertencerem ao tipo superior; os virginianos negativos são promíscuos e pouco cuidadosos na seleção dos amigos, o que nunca agrada ao refinado libriano.

Todas as relações estabelecidas com virginianos devem merecer especial atenção dos librianos, pois o nativo de Virgem pode deixar, inesperadamente, de ser um amigo para transformar-se num perigoso adversário. Em todos os seus ataques, os ex-amigos nascidos em Virgem sempre procurarão ferir o libriano em sua honra, em seu prestígio social e em sua vida íntima. É necessário especial cuidado com os tipos negativos nascidos entre 2 e 11 de setembro, que são cruéis, vingativos e destrutivos.

Negócios — Em virtude da regência de Mercúrio, Virgem é um signo que pode proporcionar grande instinto comercial, desenvolvida habilidade para lidar com o público e uma boa estrela para os negócios. Librianos e virginianos poderão associar-se com muita vantagem, pois o nativo de Virgem será o elemento ideal para complementar o poder criador do nativo de Libra; desde que seja escolhida uma atividade comum aos dois signos, com toda a certeza a sociedade obterá sucesso e fortuna.

Todas as brigas e discussões devem ser resolvidas amigavelmente, pois as questões que forem levadas aos tribunais dificilmente trarão resultados compensadores para os librianos. Nos negócios, os nativos de Libra devem evitar as associações com virginianos negativos nascidos entre 23 de agosto e 1º de setembro; este decanato recebe a influência pura de Mercúrio, e seus raios, quando negativos, determinam grande desonestidade e malícia.

LIBRA–LIBRA. As uniões, amizades ou associações entre pessoas que nascem sob o mesmo signo são de caráter muito variável; às vezes são muito harmoniosas e produtivas e outras vezes são maléficas e hostis.

Libra é um signo de excelentes vibrações, cujas elevadas qualidades tornam seus nativos humanos, generosos e compreensivos, dando-lhes possibilidade para conviver harmoniosamente com grande proveito e prazer. É oportuno notar, todavia, que as pessoas nascidas no mesmo decanato sempre se harmonizam mais entre si do que com seus irmãos de signo. Assim, os librianos nascidos entre 23 de setembro e 1º de outubro serão mais felizes nas amizades, no amor ou nos negócios quando se unirem a outros nascidos também num desses dias; o mesmo acontece com os nativos de Libra que têm sua data natal entre 2 e 11 de outubro e entre os que pertencem ao terceiro decanato, que vai de 12 a 22 de outubro.

Quando dois librianos positivos e superiores se unem, os resultados são magníficos, não havendo obstáculos que possam entravar seu sucesso ou sua felicidade. Quando elementos negativos de vibrações inferiores se unem, os prejuízos são muito grandes, podendo determinar males que jamais poderão ser remediados; é bom notar que esses males atingirão intensamente o libriano de vontade mais débil e personalidade mais fraca.

O libriano é muito justo e imparcial, mas sente grande indiferença pelos problemas alheios. Aqueles que solicitarem seu auxílio só serão atendidos se o pedido for muito justo.

Amor — Vênus é a deusa do amor, da fecundidade e do prazer. Seus benéficos raios, agindo favoravelmente sobre todos os librianos, fazem com que os casamentos realizados entre eles sejam muito felizes e sejam premiados com filhos inteligentes e belos.

Existe, porém, o risco de uma vida conjugal conturbada e infeliz, perturbada por intromissões de pessoas da família ou brigas ou questões de dinheiro, terras ou propriedades. Vênus, que é o responsável pela felicidade matrimonial, às vezes também é o causador das brigas e até mesmo de separação; os tipos menos positivos, ao receberem as vibrações venusianas, poderão mostrar duas classes de debilidades: ou serão sensuais, materialistas e pouco respeito terão pelo cônjuge ou pelo lar ou então serão vaidosos, irresponsáveis no gastar e pouco atentos aos deveres domésticos e às obrigações matrimoniais.

Amizade — Nas amizades os prognósticos que se oferecem aos librianos são muito favoráveis. Todos os tipos astrológicos têm defeitos, o que é natural, e essas falhas costumam assumir proporções gigantescas quando as pessoas são obrigadas a uma convivência constante. Os librianos não têm defeitos muito graves, mas são muito exigentes e costumam sentir-se mais felizes quando são unidos apenas por uma cálida amizade, em vez de sofrer o freio dos laços matrimoniais ou o peso dos compromissos comerciais.

Os nativos de Libra, quando negativos, são indiferentes, frios, sensuais e materialistas, nada fazem em favor dos outros e querem sempre ser beneficiados. É prudente que o libriano procure conviver somente com tipos positivos, pois seus irmãos de signo poderão causar-lhe danos bastante elevados, não só abusando do seu dinheiro como, também, trazendo prejuízos à sua posição social e à sua tranqüilidade doméstica.

Negócios — Como Libra é o signo que domina sobre as associações, os librianos quase sempre têm suas atividades principais vinculadas a outras pessoas. Cumpre notar, porém, que só costumam obter sucesso quando lhes cabe a principal responsabilidade dos empreendimentos ou quando trabalham sozinhos.

Quando se associam dois elementos positivos que sabem reconhecer as qualidades mútuas e perdoar os defeitos comuns, os prognósticos são muito favoráveis, pois as profissões e atividades regidas por Libra e Vênus são numerosas e todas elas prometem êxito. É importante notar que os negócios relacionados com a importação e a exportação, principalmente de alimentos e bebidas, os transportes marítimos ou o intercâmbio com países estrangeiros, com finalidades puramente comerciais ou comerciais e intelectuais, poderão trazer excepcional fortuna para os nativos de Libra.

LIBRA–ESCORPIÃO. Escorpião é um signo de água, de natureza frio-úmida, mas oferece estranhos e violentos contrastes, pois é regido por um planeta quente e elétrico, de natureza ígnea, que é o dinâmico

Marte. Assim, o estado cósmico elementar nos domínios do Escorpião é semelhante ao da água em ebulição, e suas vibrações intensas e poderosas são muito semelhantes às dos signos de fogo.

Os escorpianos geralmente têm uma personalidade completamente diferente da que se observa nos nativos dos signos de água, que são passivos, sensatos, amáveis, afetivos e românticos. Os nativos de Escorpião são coléricos, agressivos, ardentes e apaixonados; ao mesmo tempo, são frios, calculistas e racionalistas. São muito inteligentes, têm grande sensibilidade para os fenômenos transcendentes, possuem mente flexível, capaz de entender e assimilar qualquer problema, por mais difícil que seja, e sua personalidade é rebelde e independente.

Marte encontra seu exílio neste signo e os librianos não apreciam sua turbulenta vibração e por isso não convivem muito bem com os nativos de Escorpião. Não obstante, quando se unem tipos positivos e superiores, a associação é sempre benéfica, pois o violento escorpiano exerce um efeito vital e estimulante sobre o nativo de Libra.

É difícil enganar um escorpiano. Quem precisar de sua ajuda deverá falar-lhe com absoluta franqueza, sem mentiras ou dissimulações; caso contrário, não será atendido, mesmo que o pedido seja justo.

Amor — Os casamentos ou uniões entre librianos e escorpianos podem oferecer grande harmonia física ou sexual; dificilmente trarão felicidade completa, pois, espiritualmente, estes dois tipos astrológicos diferem bastante. Há promessas de fortuna material, especialmente para o libriano que, ao casar-se com um nativo de Escorpião, poderá ser beneficiado com heranças, legados ou negócios de vulto vinculados ao cônjuge.

Ao contrair matrimônio com um escorpiano, o nativo de Libra poderá marcar um passo decisivo em sua fortuna, tanto negativo como positivo. É prudente, portanto, fazer uma sábia escolha, pois a união com tipos negativos só poderá trazer danos e aborrecimentos. Os melhores aspectos para o casamento são para os librianos nascidos entre 23 de setembro e 1º de outubro. Os nativos de Libra, nascidos nos outros dois decanatos, já terão menores possibilidades de uma vida feliz ao lado dos escorpianos.

Amizade — Os nativos de Escorpião, embora comunicativos e amáveis, não fazem amigos com muita facilidade. Quando, porém, se afeiçoam a alguém, são excelentes companheiros, honestos e dedicados, sempre presentes em todas as horas, boas ou más.

O signo de Escorpião está intimamente ligado à fortuna dos librianos. Assim, a amizade com um escorpiano poderá trazer um dinheiro inesperado para os nativos de Libra ou poderá transformar-se numa associação comercial que proporcionará grandes lucros e muito prestígio. Por morte de algum amigo de Escorpião, o libriano poderá ser favorecido com alguma herança ou presente valioso.

Os librianos que mais se beneficiarão com as relações mantidas com escorpianos serão os nascidos entre 23 de setembro e 1º de outubro. Os que têm sua data natal nos demais dias de Libra não se harmonizarão muito bem com os voluntariosos nativos de Escorpião.

Negócios — Libra proporciona grande inclinação para o comércio, mas Escorpião, nesse setor, é um signo ainda mais bem dotado; unindo a agressividade de Marte à intuição e plasticidade do elemento água, o Escorpião torna seus nativos extremamente hábeis na arte de comerciar. As associações com escorpianos positivos poderão exercer excepcionais oportunidades para os nativos de Libra, pois no horóscopo fixo dos librianos o Escorpião ocupa justamente a Casa da Fortuna, onde estão todos os bens materiais.

É preciso, porém, cautela na escolha do associado, pois o escorpiano negativo é frio, cruel e vingativo. Todas as questões deverão sempre ser resolvidas amigavelmente; se forem levadas aos tribunais, os resultados nunca favorecerão os librianos. É preciso também muita cautela com os tipos inferiores nascidos entre 11 e 21 de novembro; esse decanato é regido pela Lua, cujos raios negativos determinam malícia, desonestidade e intriga.

LIBRA–SAGITÁRIO. Sagitário tem como símbolo a figura de um Centauro que segura um arco e aponta sua flecha para as estrelas. Misticamente, ele representa o homem que se revolta contra sua condição material ou animal, e procura atingir os planos superiores. É um signo de fogo e seu regente é Júpiter, o planeta também chamado de "grande benéfico" por suas elevadas e favoráveis vibrações. A palavra-chave do Centauro é *intelectualidade*.

Libra, que tem *humanidade* como palavra-chave e que domina sobre todas as formas de associações, é o signo que mais de perto está dos elevados ideais de Sagitário. A Balança aspira um mundo perfeito, cheio de criaturas felizes, sadias e educadas, um mundo sem diferenças brutais, onde a igualdade, a ordem e a paz sejam as forças dominantes. Sagitário, que é um signo que domina sobre a coletividade, tem um sentido intelectual em suas induções e exerce sua influência no campo social; cria leis, impõe separação de castas, estabelece hierarquias, define as posições e dá um lugar e uma função a cada criatura. Assim, Libra e Sagitário, cada um de acordo com sua vibração cósmica, trabalham no mesmo ideal de evolução e aperfeiçoamento da comunidade.

Há possibilidade de muita harmonia entre librianos e sagitarianos, pois ambos são inteligentes, intelectuais, sensíveis e afetivos. Possuem, também, defeitos muito semelhantes e são orgulhosos, materialistas, sensuais e comodistas.

Se alguém necessitar do favor de um sagitariano, deve saber como pedi-lo. O nativo de Sagitário é bondoso, não nega seu auxílio a ninguém, mas gosta de ser tratado com muita consideração e respeito.

Amor — O destino de todo sagitariano freqüentemente oferece a possibilidade de um matrimônio infeliz, dupla vida amorosa ou separação. Os casamentos entre librianos e sagitarianos poderão ser muito harmoniosos mas também poderão terminar em separação, total ou parcial; esta última situação será a mais comum e os cônjuges viverão na mesma casa, sem qualquer ligação íntima, apenas mantendo as aparências por amor aos filhos, por uma questão religiosa ou por conveniência financeira.

Os melhores prognósticos para uma vida feliz são para os librianos nascidos entre 23 de setembro e 1º de outubro; este decanato recebe a influência pura de Vênus que se harmoniza bem com Júpiter e com Marte e Sol que participam da regência do Centauro; os librianos nascidos nos outros dois decanatos já não terão a mesma possibilidade de êxito quando se afeiçoarem a alguém nascido em Sagitário.

Amizade — Os sagitarianos são excelentes camaradas, muito comunicativos, sociáveis, gentis e generosos. Costumam ser amigos sinceros e jamais falham nos momentos difíceis. Embora estabeleçam novas relações com muita facilidade e se harmonizem com toda classe de pessoas, só fazem amigos entre criaturas de posição social igual ou superior à sua e são bastante exigentes na escolha dos seus companheiros.

Os librianos terão muita sorte em suas amizades com os sagitarianos. Por meio deles poderão entrar em contato com pessoas altamente colocadas, que serão muito úteis para seus empreendimentos. Ainda, por efeito dos sagitarianos, poderão fazer excelentes negócios relacionados com livros, publicações e edição ou tradução de obras estrangeiras.

Como nos demais casos, os librianos mais favorecidos com a amizade dos sagitarianos serão os nascidos entre 23 de setembro e 1º de outubro, primeiro decanato de Libra.

Negócios — Os librianos não gostam do trabalho físico; os sagitarianos menos ainda. Os nativos de Libra não gostam de submeter-se às ordens dos outros; os sagitarianos preferem comandar e dificilmente obedecem. Assim, por inúmeras coisas que os librianos não apreciam ou não fazem e que os sagitarianos encaram de igual modo, as associações comerciais, entre ambos, poderão fracassar completamente.

Quando se unem tipos positivos, resolvidos mesmo a vencer e a fazer fortuna, os resultados geralmente são excelentes, pois não lhes falta inteligência, capacidade e habilidade. Deve, porém, ser escolhida uma atividade comum aos dois signos e aos seus respectivos regentes; caso contrário, seus nativos não obterão nenhum sucesso. Todos os papéis e documentos relativos a qualquer negócio feito entre librianos e sagitarianos devem ser cuidadosamente verificados, para que depois não venham dar motivo a aborrecimentos e dúvidas.

LIBRA–CAPRICÓRNIO. Os signos de terra e de ar representam duas forças que se opõem e por isso seus nativos nunca se harmonizam completamente. Não obstante, como o regente de Capricórnio é Saturno, que encontra sua exaltação justamente no signo de Libra, entre librianos e capricornianos existe sempre uma relativa afinidade.

A Cabra Marinha proporciona estabilidade, obstinação, persistência, laboriosidade e criatividade e dá a tendência para limitar, cercar, proteger e defender contra todas as transformações. Os nativos de Capricórnio desdenham o conforto e o bem-estar físico e não se empenham, como os librianos, em ardente caçada aos bens materiais. Isto, naturalmente, é dito em relação aos tipos superiores porque os inferiores sempre fazem qualquer coisa por dinheiro, por mais sórdida que ela seja.

A severidade, a modéstia e a frugalidade são muito próprias dos capricornianos, que não exigem, como os nativos de Libra, nenhum refinamento nas roupas, nos alimentos ou no ambiente. Intelectualmente, todavia, tanto os nativos de Capricórnio como os de Libra se harmonizam bastante, pois ambos têm uma mentalidade científica e estudiosa. Os tipos superiores de Capricórnio, com sua inteligência profunda e lúcida, poderão dar valioso apoio aos librianos que, associando-se a eles, conseguirão realizar grandes obras.

O nativo de Capricórnio é pouco emotivo e não revela seus sentimentos. Quem necessitar de seu auxílio deverá medir as palavras e também pedir ajuda à sorte, pois o capricorniano não se comove facilmente.

Amor — Os casamentos entre librianos e capricornianos raramente trarão grande harmonia física ou sexual, mas poderão determinar um grande entendimento espiritual entre os cônjuges. Essas uniões dificilmente serão premiadas com filhos, havendo possibilidade de que o libriano adote uma criança, o que trará imensa felicidade.

Questões de família ou intrigas de algum parente poderão fazer com que o libriano se separe de seu cônjuge. Brigas por dinheiro ou graves problemas financeiros relacionados com pessoas da família, também poderão perturbar a harmonia do casal. Será sempre prudente evitar muita intimidade com os parentes, pois alguns deles trarão mais mágoa do que alegria.

Os matrimônios mais felizes acontecerão quando os librianos se afeiçoarem a capricornianos nascidos entre 31 de dezembro e 9 de janeiro; esse decanato da Cabra Marinha tem a influência participante de Vênus e favorece a união com os nativos de Libra.

Amizade — Os capricornianos não são muito comunicativos, têm um temperamento bastante reservado e não fazem amigos com facilidade. Quando, porém, dão sua afeição a alguém, são fiéis, constantes e jamais negam seu apoio moral ou material. As relações fraternas estabelecidas entre eles e os librianos nunca serão totalmente desinteressadas; além do afeto, sempre terão outro motivo, artístico, intelectual, comercial ou religioso.

Os librianos freqüentemente acabam fazendo bons negócios com muitos de seus amigos; os capricornianos não escaparão a essa regra e, com eles, o libriano também poderá fazer uma associação comercial que trará bastante lucro e satisfação para ambas as partes.

Os capricornianos negativos devem ser evitados. Os tipos superiores de Capricórnio beneficiarão muito os librianos, mas os inferiores poderão causar-lhes grandes males, com sua malícia e desonestidade.

Negócios — Os capricornianos possuem desenvolvido instinto aquisitivo, são comerciantes muito hábeis, trabalhadores incansáveis e organizadores inteligentes e capazes. Associando-se com eles, os librianos poderão ter imenso êxito, isto se conseguirem eliminar os antagonismos e superar os choques pessoais que fatalmente ocorrerão.

Cosmicamente não existe afinidade entre Saturno e Vênus, mas o signo de Libra oferece campo magnético muito favorável às vibrações saturninas; por esse motivo, librianos e capricornianos serão sempre materialmente beneficiados com todas as obras que realizarem em conjunto.

Os aspectos mais favoráveis em relação aos negócios costumam verificar-se para os librianos nascidos entre 12 e 22 de outubro; esse decanato de Libra recebe a influência participante de Mercúrio, que se harmoniza muito bem com Capricórnio e Saturno.

LIBRA–AQUÁRIO. Os signos que pertencem à mesma triplicidade, isto é, ao mesmo elemento, possuem vibrações muito semelhantes; assim, Libra tem inúmeros pontos de afinidade com Aquário, que é o terceiro dos signos de ar. Esta afinidade, todavia, é apenas espiritual e mental pois, materialmente, é difícil aos librianos conviverem com os aquarianos, que têm uma natureza rebelde, estranha, às vezes anti-social e pouco amável, outras vezes gentil e afável.

Urano, regente do Aguadeiro, é um planeta quente, elétrico, de vibrações poderosas e, além de suas qualidades próprias, também manifesta o brilho mental de Mercúrio e o frio e profundo reflexo de Saturno. Sua natureza é revolucionária, transformadora e inquietante e seus raios são bastante hostis a Vênus, cujas induções são pacíficas, sensíveis e estáveis.

Aquário parece possuir uma força misteriosa que impele o indivíduo para a frente, anulando as distâncias, quebrando os laços que o prendem à Terra e destruindo as barreiras do tempo e do espaço; sua influência destrói, também, as barreiras sociais e raciais, pois sendo *Universalidade* a sua palavra-chave, ele é o signo em que o homem aprende que é apenas um insignificante partícipe de um magistral conjunto. Desse modo, com suas inquietantes vibrações, ele incomoda a sensível Balança, que não gosta de ver perturbada a sua Ordem e a sua Paz.

O aquariano não é muito afetivo ou sensível, mas sabe ser generoso. Quem precisar de sua ajuda, logo será atendido; o difícil será chegar até ele, pois Aquário torna seus nativos retraídos e pouco sociáveis.

Amor — O libriano é metódico, tem hábitos estabelecidos e não gosta de quebrá-los sob pretexto algum. O aquariano é desordenado, não aprecia a vida doméstica e seus problemas rotineiros. Assim, dificilmente se adaptará à vida ordenada que é tão do gosto do nativo de Libra. Perdoadas essas fraquezas, como ambos os tipos astrológicos são constantes, sinceros e amorosos, as promessas de um matrimônio feliz são bastante favoráveis.

O libriano, quando amar seu cônjuge de Aquário, deverá evitar qualquer infidelidade ou qualquer relação mais íntima com pessoa do outro sexo, pois há promessas de separação por escândalo ou intriga amorosa. Os matrimônios mais felizes geralmente acontecem quando os librianos se afeiçoam a alguém nascido entre 9 e 19 de fevereiro; esse decanato de Aquário tem a influência participante de Vênus, o que torna os aquarianos nele nascidos muito semelhantes aos librianos.

Amizade — Grandes, agradáveis e produtivas amizades podem surgir entre aquarianos e librianos que possuem a mesma qualidade intelectual e, geralmente, têm preferências e antipatias muito semelhantes.

Também nesta função Libra–Aquário, a exemplo de várias outras, o libriano poderá estabelecer uma interessante associação comercial com algum amigo aquariano, com resultados muito compensadores para ambas as partes. Noutras ocasiões, a amizade poderá conduzir os nativos destes dois signos aos estudos espiritualistas ou herméticos.

Os librianos devem sempre evitar os aquarianos inferiores. Os raios de Urano, quando negativos, são extremamente maléficos e poderão trazer grandes prejuízos aos nativos de Libra. É aconselhável especial cuidado para os librianos nascidos entre 23 de setembro e 1º de outubro, que sempre sofrerão grandes prejuízos morais ao conviver com aquarianos inferiores.

Negócios — Em negócios, librianos e aquarianos costumam se entender muito bem. Ambos possuem a mesma capacidade mental, a mesma habilidade para tratar com o público e a mesma obstinação quando resolvem levar a cabo alguma tarefa; assim, as associações entre ambos quase sempre darão resultados positivos. É necessário, porém, que sejam eliminados os choques pessoais que fatalmente acontecerão, pois os dois tipos astrológicos têm um temperamento rebelde e independente.

Também nos negócios é prudente evitar os aquarianos inferiores. A desonestidade nunca é vício de Libra ou Aquário, mas a maldade, a indiferença e o instinto de destruição sempre acompanham as vibrações negativas do Aguadeiro. É necessário, ainda, estudar todos os papéis e documentos, pois eles poderão dar margem a dúvidas ou disputas em que nenhum dos sócios sairá vitorioso.

LIBRA–PEIXES. Peixes é o último dos signos do zodíaco e ocupa a Casa que governa os inimigos ocultos, as traições, as prisões, todos os males de origem extraterrena. É também a Casa do messianismo, da abnegação e do sacrifício, sendo dotada de vibrações elevadíssimas.

Os piscianos se dividem em dois tipos: tanto podem ser alegres, inconseqüentes, infantis e vaidosos, como apáticos, sonhadores, passivos e tímidos. Netuno, que é o regente de Peixes, tem uma vibração muito semelhante à de Vênus, sendo considerado como sua oitava superior, o que vem possibilitar o estabelecimento de relações muito harmoniosas entre librianos e piscianos.

O elemento água, a que pertence Peixes, desenvolve a imaginação e dá muita tendência aos sonhos. Muitos piscianos nada realizam de positivo porque preferem viver tranqüilos em seu mundo interior em vez de lutar por um lugar de destaque neste mundo material. Como elementos de complementação, eles são dos mais perfeitos e completos, sendo que seus tipos positivos são enérgicos e realizadores.

A influência dos librianos poderá ser muito benéfica para os sensíveis e flexíveis nativos de Peixes, que possuem grande valor espiritual, desenvolvida inteligência e delicada intuição, mas quase nunca têm energia e dinamismo para desenvolver e aproveitar suas próprias qualidades.

O nativo de Peixes é muito humano e está sempre pronto a auxiliar seus semelhantes. Quem precisar de sua ajuda, não terá que escolher palavras ou momentos favoráveis, bastando apenas pedir.

Amor — Os piscianos são amorosos, afetivos, dedicados e sinceros; unindo-se a eles, os librianos terão uma vida conjugal harmoniosa, feliz e bastante fecunda. É importante, todavia, que o nativo de Libra tenha a fortuna de se afeiçoar a um tipo positivo e enérgico, pois muitos piscianos costumam ter uma vontade débil e uma personalidade vacilante; assim, por interferência de parentes ou intrigas de empregados ou pessoas de baixa categoria, o libriano poderá ter seu matrimônio arruinado e poderá até separar-se de seu cônjuge.

Os casamentos mais felizes acontecerão para os librianos nascidos entre 23 de setembro e 1º de outubro. Os nativos dos demais decanatos de Libra, que recebem a regência particular de Mercúrio e Urano, geralmente não se harmonizam muito bem com os sensíveis piscianos, em virtude dos raios hostis do misterioso planeta Netuno.

Amizade — Os nativos de Peixes são amigos excelentes, sempre alegres e sempre prontos para compartilhar de todas as aventuras ou para dar o seu apoio nos momentos graves. São tipos muito agradáveis e estão sempre dispostos a ouvir os planos e projetos do libriano, que freqüentemente gosta de pensar em voz alta, especialmente quando tem um auditório complacente e disposto a ouvir sem interromper.

É prudente escolher muito bem os amigos nascidos sob as estrelas de Peixes. No horóscopo fixo dos librianos, Peixes tem estreita ligação com a saúde, e grandes males poderão suceder se o nativo de Libra se deixar conduzir por elementos inferiores ou de moral duvidosa.

As vibrações negativas do signo de Peixes são muito perniciosas e causam graves distúrbios psíquicos, podendo inclinar as criaturas para a bebida, os tóxicos e a imoralidade.

Negócios — O nativo de Libra não gosta de realizar tarefas muito pesadas e sempre aprecia ter ao seu lado auxiliares competentes, inteligentes e dedicados. Os piscianos costumam ser excelentes elementos de complementação e o libriano será muito beneficiado se fizer qualquer associação com eles. É interessante, porém, não confiar muito na aparência passiva e ingênua do pisciano, pois ele é sagaz, malicioso e muito inteligente.

Em todos os negócios realizados entre nativos de Peixes e de Libra, será prudente não dar muita intimidade aos empregados ou auxiliares de condição social inferior, pois estes quase sempre serão causa de aborrecimentos e preocupações.

Os librianos devem procurar resolver pacificamente todos os problemas que tiverem com seu sócio de Peixes; as questões que forem levadas aos tribunais, embora possam ter um resultado favorável, darão muitos aborrecimentos e prejuízos.

VÊNUS, REGENTE DE LIBRA

Vênus, perpetuamente envolto em nuvens, mas cuja superfície, segundo os astrônomos, poderia ser comparada à de uma estufa, de interior calmo, quente e extremamente seco, parece um ambiente próprio para o desenvolvimento de fascinantes e estranhas criaturas, bem diferentes daquelas produzidas pela bioquímica terrestre.

Libra e Touro são os dois signos que têm a regência de Vênus. Em cada um deles ele assume uma vibração distinta; em ambos, porém, derrama sua irradiação sensível e atrativa e exerce sua influência que encanta e magnetiza. Ela é Lúcifer e Vésper, a senhora das horas suaves do amanhecer e do anoitecer, da mesma forma que o Sol domina sobre as horas quentes do dia e a Lua é rainha das sombras noturnas.

Vênus é de constituição quente-úmida, estando mais harmonizado com o signo de Libra, por sua natureza aérea, do que com Touro, que pertence ao elemento terra. A ele estão subordinadas todas as plantas, árvores e arbustos, pois as vibrações venusianas é que governam a clorofila, o pigmento verde que funciona como energia transformadora e que, mediante o processo chamado fotossíntese, faz com que o dióxido de carbono e a água, ao receberem os raios solares, modifiquem-se quimicamente e se transformem em oxigênio e carboidratos, permitindo assim que as plantas respirem e se alimentem. É Vênus, pois, o responsável por toda a beleza verde que recobre a Terra, desde as florestas tropicais, selvagens e sufocantes, até os jardins floridos, as árvores cobertas de frutos e os campos cultivados.

Sendo-lhes misticamente atribuída uma natureza feminina, Vênus é passivo e representa o pólo de complementação da força ativa representada por Marte. É o planeta da emoção e da beleza e sua influência torna as criaturas sensíveis, emotivas, meigas e atraentes. Note-se, porém, que as vibrações superiores deste planeta geralmente alcançam menos os homens e mais as inocentes criaturas do mundo vegetal; as plantas, flores e frutos são tão belos, tão perfumados, tão perfeitos e estão de tal forma impregnadas da força venusiana que basta pôr um punhado de maçãs ou um ramo de flores em uma sala para sentir sua vibração de paz e afeto. Somente os seres humanos mais elevados conseguem absorver e retransmitir as superiores influências de Vênus, pois elas se neutralizam ou se negativam quando em contato com a aura pesada e sombria das criaturas menos evoluídas.

Além das profissões naturais do signo de Libra, os librianos também podem dedicar-se, com pleno êxito, a todas as atividades regidas por Vênus, ou seja, a todos os trabalhos que exigem habilidade manual, paciência, elegância, sensibilidade e bom gosto. Vênus protege os músicos, os pintores, os cantores e os artistas em geral, inclusive ceramistas, escultores, bailarinos, cenógrafos, coreógrafos, etc. Também a ela estão subordinados todos aqueles que exercem atividades relacionadas com o conforto e o embelezamento da criatura humana e do lar: costureiros, cabeleireiros, maquiadores, perfumistas, modelistas, manequins, desenhistas de modas ou de mobília, decoradores, tapeceiros, tecelões, etc.

A influência de Vênus desperta a sociabilidade enquanto a Lua determina o instinto gregário. O libriano é sociável, mas não é gregário ou promíscuo, preferindo sempre receber os amigos em sua própria casa, não apreciando as habitações coletivas e nem os aglomerados de povo ou as multidões das ruas. As vibrações conjuntas de Libra e Vênus induzem o gosto pelas reuniões sociais, festas, bailes elegantes, pequenas reuniões íntimas, jantares entre amigos, palestras cultas, música selecionada, tudo de boa qualidade, desde as pessoas até o vinho que é servido. Vênus dinamiza esse instinto requintado do libriano, obrigando-o a um refinamento ainda maior e fazendo-o fugir de tudo o que é grosseiro ou desagradável.

Por determinação do seu signo e também por efeito das vibrações venusianas, os nativos de Libra detestam tudo o que é triste ou sombrio, sentindo-se deprimidos quando são obrigados a ir a um enterro ou a visitar um doente. Quando são obrigados a freqüentar assiduamente um local sombrio ou a viver nele, sua saúde se ressente e seu sistema nervoso fica abalado. Estes mesmos fenômenos ocorrem com os nativos de Touro que, apesar de ser um signo de terra, também dá muita sensibilidade aos que nascem sob sua influência, em virtude da regência de Vênus.

A irradiação venusiana torna os librianos muito sensíveis e humanos. Ela é que lhes dá a personalidade gentil, a seda que recobre o fio de aço de que interiormente são feitos. Jamais ela recorre à crueldade, à violência ou à armadilha desonesta ou astuciosa para conseguir seu intento; procura sempre lutar por meios persuasivos e quando não consegue apela para a justiça, que é fria e imparcial. É por sua influência que o libriano também desenvolve extraordinariamente o instinto de cooperação, obedecendo à sua irradiação fraterna e afetuosa. Libra rege as associações, e Vênus também as favorece, sendo por obediência às suas determinações que os nativos de Libra sempre procuram ajudar a todos os que têm valor e também costumam se apoiar nos que são mais fortes e podem auxiliá-los.

Os librianos que nascem entre 23 de setembro e 1º de outubro são os que mais fortemente recebem as vibrações venusianas. São, geralmente, bastante favorecidos em seu aspecto físico, possuindo gestos atraentes, voz agradável e maneiras muito próprias, tendo um modo inconfundível de andar, comer ou mover-se. Os tipos mais materiais que nascem nesse período são muito sensuais, muito extravagantes, amam extraordinariamente o luxo e o prazer e só vivem para as coisas do corpo, pouco se importando com a alma ou com o espírito.

Os librianos nascidos nos demais dias de Libra, entre 2 e 22 de outubro, também recebem poderosamente os influxos venusianos mas são beneficiados, também, com as irradiações de Urano e Mercúrio. Isto não altera sua personalidade, pois estes dois planetas são neutros ou assexuados, não trazendo nenhuma característica violenta ou agressiva; assim, em todos os graus de Libra os raios de Vênus conservam intacta a sua essência, que domina sobre o amor em todas as suas formas e gradações, desde o individual até o coletivo, desde a manifestação mais grosseira e material até a mais altamente espiritualizada.

Simbolismo das cores

As cores de Vênus são o azul esverdeado, o verde e o rosa. Enquanto o verde representa a esfera da Criação, o azul simboliza o Espírito. O rosa, cor composta pelo branco e pelo vermelho, é de influência extremamente benéfica e elevada, já que o branco é o tom que identifica a sabedoria divina, e o azul representa o amor divino.

Para os librianos nascidos no primeiro decanato da Balança, entre 23 de setembro e 1º de outubro, o azul esverdeado, o verde e o rosa são as cores mais indicadas. Para os que têm sua data natal nos restantes dias de Libra e que recebem as vibrações de Urano e Mercúrio, as mesclas de cores variadas e o cinza são os tons favoráveis. As combinações cromáticas podem reunir as mais variadas cores, desde que toques de cinza ou negro entrem também em sua composição.

O rosa é uma cor muito espiritualizada e causa profundo bem-estar, devendo ser fartamente usada nas roupas interiores, nas roupas de cama e na pintura dos aposentos, principalmente nos que são reservados às crianças. A raiz latina de rosa, *ros*, é a mesma de *rocio, chuva*, e está associada à fertilidade e à bênção celeste. É também o emblema da paz monástica e do amor mais elevado, e segundo as antigas tradições, ela é propícia ao desenvolvimento intelectual, à fortuna e ao prestígio.

O verde, em heráldica, recebe o nome de *sinople* e simboliza o amor, a fraternidade, a alegria e a abundância. O azul, componente principal da cor verde, representa a castidade e a fidelidade; é fonte de vitalidade física e psíquica e todos os seus tons, quando tendem para o verde, são muito favoráveis para os librianos. O amarelo, outro componente do verde venusiano, estabelece o equilíbrio vital e dinamiza o intelecto. Misticamente, simboliza a Revolução da divindade. É uma tonalidade que facilita o trabalho mental, aprofunda o pensamento e favorece a intuição.

O cinza, cor favorável a Mercúrio e Urano, é formado pela combinação do branco e do negro, os dois extremos da escala cromática, a negativa e a afirmativa absolutas. O primeiro simboliza a Verdade e o segundo o Nada. Enquanto o branco é a Sabedoria divina, o negro é a Paixão mortal, podendo um considerar-se como a manifestação de Deus e o outro a representação do seu oposto, o Diabo, ou seja, o Bem e o Mal, e a Luz e a Treva.

Apesar de favorável aos librianos que nascem entre 2 e 22 de outubro, o cinza deve ser usado com cautela e sempre quebrado com algum tom vivo e alegre porque ele inclina aos estados depressivos e aumenta a instabilidade psíquica e nervosa. É uma cor que induz à submissão e a passividade, sendo usada por muitas ordens monásticas, como testemunho de humildade, ignorância e submissão aos desígnios de Deus. Quem não escolhe a humildade e a servidão, quem não tem inclinação religiosa, quem deseja apenas prestar uma homenagem ao Criador, lutando, vencendo, realizando-se como pessoa útil a si mesma e à coletividade, deve evitar o uso constante do cinza e deve sempre quebrá-lo com cores enérgicas e dinâmicas, como vermelho, verde, azul ou amarelo.

Vênus, assim como está associado à beleza, à sabedoria, à bondade, à espiritualidade, também tem sua cor principal ligada ao mal. É interessante notar que toda a história bíblica da tentação de Eva está sob seu domínio. Como a ela pertencem os pomares e jardins, o Éden também está sob sua regência, assim como a maçã que foi dada a Eva e a árvore sob a qual se achava a primeira mulher. Sua presença ainda está representada no verde castanho do corpo e no verde esmeraldino dos olhos da serpente tentadora. Na iconografia católica o dragão que São Jorge mata e o que São Miguel mantém imóvel com sua espada são ambos verdes, assim como verdes são os olhos de Satanás, o Anjo do Mal. Vênus, portanto, está representado no mundo celestial, mas suas poderosas vibrações atravessam todas as esferas e estão também presentes no mundo infernal.

A magia das pedras e dos metais

As pedras preciosas mais favoráveis para o libriano são o jade verde, o lápis-lazúli e a safira azul. Estas pedras podem ser usadas com efeito bastante benéfico. Como o Sol se harmoniza muito bem com Vênus, os librianos nascidos no primeiro decanato, entre 23 de setembro e 1º de outubro, poderão também usar o diamante que, segundo a tradição, traz poder e riqueza ou o rubi pedra marciana, que proporciona força, distinção e autoconfiança.

A esmeralda trará resultados muito propícios quando for usada pelos nativos de Libra nascidos entre 2 e 11 de outubro, que também poderão adotar a ametista como pedra talismã ou a granada. Para os librianos nascidos entre 12 e 22 de outubro, a ágata é muito favorável. Esta pedra é uma variedade de quartzo, de cores vivas e variadas, contendo portanto a policromia que sempre propicia aos que recebem as vibrações de Mercúrio, conforme os librianos do terceiro decanato.

O cobre, metal que pertence a Vênus, deve ser usado, das mais variadas maneiras, por librianos e taurinos, pois ele tem vibrações altamente benéficas. Com ele podem ser confeccionados não só adornos para uso pessoal como, também, objetos para a decoração do lar, peso para papéis ou outras peças para escritórios, a fim de decorar não só o ambiente doméstico mas também, o ambiente de trabalho; desse modo os nativos de Libra poderão receber as vibrações sedativas e elevadas de Vênus, que também são emitidas por suas flores, suas pedras preciosas e seu metal.

A mística das plantas e dos perfumes

Como já sabemos, estão sob a influência de Vênus, de modo indireto ou direto, todas as árvores, arbustos e plantas em geral. Há algumas, porém, que emitem mais fortemente sua vibração e são justamente as de perfume mais intenso e cores mais belas: rosas, cravos, narcisos, violetas, jacintos, a perfumada malva, a delicada verbena e a aromática lavanda.

Para os librianos nascidos entre 2 e 11 de outubro e para os que têm sua data natal entre os dias que vão de 12 a 22 de outubro, além das flores próprias de Vênus, a madressilva, o junquilho, o jasmim, o louveiro e a aveleira também são altamente favoráveis. As flores venusianas são especialmente benéficas para os nativos do primeiro decanato, que vai de 23 de setembro a 1º de outubro, e devem ser usadas, sempre que possível, no adorno do lar ou do ambiente de trabalho.

Para o uso pessoal, qualquer perfume atual, feito com essências artificiais, pode ser usado por qualquer tipo astrológico, pois não tem nenhuma vibração especial. Os librianos, porém, que quiserem captar a elevada irradiação venusiana, devem usar aromas feitos com pura essência das flores a ela pertencentes. Um pouco de mirra ou incenso, queimado com flores secas, especialmente rosas, tanto perfumará o ambiente como o deixará impregnado com os benéficos raios de Vênus; isto, naturalmente, deve ser feito sem nenhum sentido religioso, apenas visando à mágica harmonização do indivíduo com seu signo de nascimento e com seu planeta regente.

VÊNUS E OS SETE DIAS DA SEMANA

Segunda-Feira

A Lua, regente de Câncer, é quem domina a segunda-feira. Câncer é um signo de água e este dia, portanto, pertence ao móvel e psíquico elemento que é responsável pelas fantasias, sonhos e crendices e que favorece as aspirações e as comunicações com os nossos ancestrais. Sendo Câncer um signo passivo e a Lua um elemento de força também passiva, ou feminina, a segunda-feira é um dia onde todos sentem suas energias diminuídas; como diz o povo, é "dia de preguiça".

Acontece que este dia rege coisas importantes, que nada têm de preguiçosas, relacionando-se com a alimentação e a diversão do povo. Circos, parques de diversão, teatros, cinemas, feiras, mercados, portos de mar, alfândegas, entrepostos de pesca, são locais que estão sob a vibração lunar. Como Vênus se harmoniza bem com a Lua, os librianos poderão, nas segundas-feiras, tratar não só dos assuntos relacionados com seu planeta como, também, de todas essas atividades lunares.

Terça-Feira

A terça-feira está sob a vibração de Marte. Como o turbulento deus da guerra vive em boa paz com Vênus, os librianos poderão tratar calmamente das atividades governadas por Marte e cuidar, com certa cautela, dos assuntos ligados ao seu planeta regente. A cautela é necessária porque Marte sempre materializa bastante as vibrações venusianas, sendo a terça-feira um dia em que as influências são geralmente violentas.

Esse dia é favorável para consultar médicos, cirurgiões, dentistas, oftalmologistas, etc., pois Marte, além do seu poder vital, também age beneficamente sobre as coisas ligadas à saúde e ao corpo físico. É também dia propício para toda a sorte de operações e para início de qualquer tratamento de saúde.

Marte domina sobre a indústria, o ferro, o fogo, a mecânica, os ruídos, a violência, a dor, o sangue e a morte. Este dia é bom para tratar de assuntos ligados aos hospitais, prisões, fábricas, matadouros, campo de esporte, ferrovias, indústrias e também quartéis e tribunais, pois Marte também influencia os militares, os homens de governo, os juízes e os grandes chefes de empresas.

Quarta-Feira

Mercúrio, o pequenino, flexível e ágil planeta, que é o mais próximo do Sol, harmoniza-se bem com Vênus e Urano, que participa da regência das quartas-feiras, e embora não tenha afinidade com ela, não costuma hostilizar os librianos. Este é, portanto, um bom dia para os nativos de Libra, principalmente os nascidos nos segundo e terceiro decanatos, entre 2 e 22 de outubro, que são influenciados pelas vibrações mercurianas e uranianas.

Urano rege a eletrônica, o rádio, a televisão, a cibernética, o automobilismo, a astronáutica, a aeronáutica e todas as atividades onde intervenham a eletricidade, o movimento mecânico, as ondas de rádio e todas as formas de vibrações mentais, especialmente a telepatia.

Mercúrio é o senhor da palavra, escrita e falada, e protege as comunicações, os documentos, cartas, livros, publicações e escritos de toda a espécie. Rege, ainda, o jornalismo, a publicidade e as transações comerciais. A quarta-feira também é propícia para as viagens, pois Mercúrio governa todos os meios de locomoção, exceto o aéreo, que está sob a regência de Urano.

Quinta-Feira

Júpiter, o benevolente deus dos deuses, é quem domina sobre as quintas-feiras, favorecendo tudo o que diz respeito às relações humanas, desde que não estejam ligadas a transações comerciais.

Ele protege, beneficamente, os noivados, namoros, festas, casamentos, reuniões sociais, comícios políticos, conferências, concertos, etc. Também sob sua regência estão todas as coisas relacionadas com o Poder e o Direito. Pode-se, pois, nas quintas-feiras, tratar de assuntos ligados a juízes e tribunais ou que sejam afins com o governo, o clero ou as classes armadas. Também sob sua proteção estão os professores, os filósofos, os sociólogos, os cientistas, os economistas, os políticos e os grandes chefes de empresa.

Júpiter se harmoniza bem com Vênus, e os librianos poderão, neste dia, tratar dos assuntos jupiterianos e de todas as atividades ligadas a Vênus. Os que nascem nos primeiros dez dias de Libra, entre 23 de setembro e 1º de outubro, têm, na quinta-feira, um dia mais propício do que seus demais irmãos de signo; os que nascem nos outros decanatos devem agir com certa cautela, especialmente em relação às questões legais, judiciais e militares, pois Mercúrio e Urano, que influenciam esses dois decanatos, não se harmonizam muito bem com Júpiter e podem trazer alguns aborrecimentos.

Sexta-Feira

A regência das sextas-feiras está dividida entre Vênus e Netuno. Devido às influências de ambos os planetas, este dia tem uma forte vibração que determina sensibilidade, emotividade, inspiração e espiritualidade. Vênus é um planeta mais material que Netuno; enquanto ele está ligado à emoção, ao prazer e à beleza, ele domina sobre a fraternidade humana no plano material e sobre as manifestações psíquicas. A sexta-feira é considerada por muitas pessoas como dia de "assombração" porque Netuno, desenvolvendo a visão interior, faz com que as pessoas sensíveis julguem *ver*, com seus olhos físicos, criaturas que pertencem ao plano astral, geralmente feias, porque pertencem às camadas astrais muito densas; essas pessoas não estão vendo realmente, estão apenas *percebendo* essas criaturas com sua visão interior.

Vênus rege a beleza e a conservação do corpo físico. A sexta-feira é favorável para comprar roupas e objetos de adorno, tanto para uso pessoal como para o embelezamento do lar. É, também, propícia para cuidar dos cabelos, da pele, das unhas e de qualquer detalhe relacionado com a estética e a elegância feminina ou masculina. É dia muito benéfico para festas, reuniões sociais ou encontros com amigos protegendo, também, os namoros, noivados e casamentos. Todos os presentes dados ou recebidos neste dia são motivo de muita alegria, sejam eles flores, bombons, objetos de adorno ou decoração, roupas, livros, perfumes, etc.

Vênus e Netuno protegem as Artes e a sexta-feira é muito favorável para todas as atividades artísticas, tanto as populares como as eruditas. Nesse dia devem ser evitados os excessos no beber ou nos prazeres amorosos; deve, principalmente, ser evitada a companhia de pessoas negativas, inclinadas ao uso de tóxicos ou de bebida, porque essas coisas podem ter efeitos muito prejudiciais nas sextas-feiras, podendo conduzir ao vício e à degradação.

Netuno, o misterioso senhor dos abismos marinhos, não se harmoniza com Mercúrio e Urano. Os librianos nascidos nos últimos vinte dias de Libra, entre 2 e 22 de outubro, podem considerar a sexta-feira como um dia favorável, mas devem ter cautela com as vibrações netunianas, evitando brigas, discussões ou os excessos acima indicados.

Sábado

O frio e constritor Saturno, filho do Céu e da Terra, não se harmoniza bem com Vênus, mas tem grande afinidade com Mercúrio e Urano. O sábado, pois, não é favorável aos librianos nascidos nos primeiros dez dias de Libra, entre 23 de setembro e 1º de outubro; ele pode, todavia, ser considerado como dia bastante próprio para os demais librianos, que serão favorecidos especialmente nas atividades regidas por Saturno.

A vibração saturnina rege os lugares sombrios ou fechados, tais como cemitérios, minas, poços, escavações e laboratórios ou os locais de punição, sofrimento, recolhimento ou confinação, como cárceres, hospitais, conventos, claustros, hospitais de isolamento, etc. A lepra, as feridas e chagas de todo tipo, a sarna, o eczema e todos os males semelhantes pertencem a Saturno, e o sábado é bom dia para iniciar ou providenciar qualquer tratamento.

Este planeta também rege a Arquitetura e a construção de edifícios para fins religiosos, punitivos ou de tratamento, como igrejas, claustros, conventos, tribunais, penitenciárias, orfanatos, asilos, casas de saúde, etc. A ele estão ligados, ainda, os estudos profundos como a Matemática, a Astronomia, a Filosofia e também as Ciências Herméticas. Como filho do Céu e da Terra, Saturno é, igualmente, o regente dos bens materiais ligados à terra, regendo a compra e venda de terras e casas na cidade ou no campo, condomínios, loteamentos, etc.

Domingo

O domingo favorece bastante os librianos, com exceção dos que têm sua data natal no segundo decanato de Libra, que vai de 2 a 11 de outubro: estes dez dias recebem a influência de Urano que é muito hostil ao Sol.

O Sol é o planeta da luz, do riso, da fortuna, da beleza e do prazer e sob sua influência está tudo o que é original, formoso, festivo, extravagante, confortável e opulento. No domingo pode-se pedir favores a pessoas altamente colocadas, solicitar empréstimos ou tratar de qualquer problema financeiro. Pode-se, com êxito, pedir proteção ou emprego a altos elementos da política, do clero ou das finanças. É um dia que inclina à bondade, à generosidade e à fraternidade, sendo, portanto, benéfico para visitas, festas, reuniões sociais, conferências, noivados, namoros e casamentos. Favorece, ainda, a arte e todas as atividades a ela ligadas, assim como também, as jóias e pedras preciosas e as antiguidades de alto valor, regendo a compra e a venda desses artigos e a realização de mostras, exposições, etc.

No domingo os librianos podem cuidar não só dos assuntos ligados a Vênus como, também, dos que estão afetos ao Sol; como já dissemos, os nativos do segundo decanato de Libra terão, neste dia, vibrações menos benéficas e por isso devem agir com cautela.

MITOLOGIA

Libra

A figura mitológica associada ao signo de Libra é a de Têmis, a Justiça, filha do Céu e da Terra, que foi amada por Júpiter.

A história de Júpiter está cheia de lendas amorosas fascinantes. Ele se apaixonou por Taígeta, filha de Atlas e de Pleione, que está imortalizada com suas irmãs, no agrupamento estelar chamado Plêiades, localizado na constelação de Touro. Amou a linda Alemena e dessa união nasceu Hércules, famoso por sua força e por seu físico perfeito; foi também o pai das Náiades, ninfas dos rios, regatos e fontes e de sua paixão por Mnemósina, irmã de Têmis, nasceram as Musas, deusas encarregadas de alegrar os banquetes dos imortais; elas eram Clio, a glória, Euterpe, a música, Tália, a comédia, Melpômene, a tragédia, Terpsícore, a dança, Érato, a poesia, Polímnia, a retórica, Urânia, a astronomia e Calíope, a poesia heróica e a eloqüência.

Certa vez, Júpiter se apaixonou por Latona, formosa filha do Titã Coeus. Ao saber que Latona estava grávida, Juno, que era a esposa legítima de Júpiter, ficou enfurecida. Fez a Terra prometer que não daria abrigo a Latona e mandou a serpente Píton persegui-la e matá-la. Netuno, compadecido, bateu no mar com seu tridente e fez surgir a ilha Delos, dos verdes abismos; ali Latona se refugiou e, sob a ramagem de uma oliveira, deu a Júpiter dois dos seus mais belos e famosos filhos: Apolo e Diana, o Sol e a Lua.

O deus dos deuses sentiu também grande paixão por Leda, formosa princesa, que era esposa de Tíndaro, rei de Esparta. Para poder aproximar-se da jovem e seduzi-la, Júpiter transformou-se num majestoso cisne branco e desse amor resultaram dois ovos! De um deles nasceram Pólux e Helena, a mulher cuja beleza tantas desgraças causou; esses dois gêmeos foram considerados filhos do próprio Júpiter e, portanto, imortais. Do outro ovo nasceram Castor e Clitemnestra, ambos tidos como filhos do rei Tíndaro, portanto mortais. Pólux e Castor eram unidos por tão extrema amizade que quando Castor morreu, num combate, Júpiter, a pedido de Pólux, colocou ambos no céu, eternamente juntos, na constelação de Gêmeos.

Segundo Hesíodo, sete dos seus amores foram legais, isto é, ele casou sete vezes, desposando, sucessivamente, Métis, Eurínome, Mnemósina, Latona, Têmis, Ceres e por último, Juno, sua irmã. A maioria das lendas, no entanto, menciona apenas Juno como sua esposa legítima, que, aliás, muito deve ter sofrido com suas infidelidades, pois ele amou inúmeras criaturas, mortais e imortais, e também pertencentes a ambos os sexos.

O casamento com Juno não foi muito harmonioso e parece ter obedecido a razões de família. Urano, o Céu e Vesta ou Titéia, a Terra, tiveram vários filhos, entre eles Saturno e Réia; estes se casaram e Réia teve um casal de filhos, Júpiter e Juno. Ao alcançar a idade adulta, Júpiter seguiu o costume da família e casou com a irmã gêmea, Juno. Teve com ela alguns filhos, entre eles Marte, o deus da guerra. Vulcano, o deus ferreiro, que forjava seus raios na oficina oculta no vulcão do monte Etna, e três filhas também chamadas as Três Graças, Eufrosina, Tália e Aglaia, que eram as companheiras favoritas de Vênus.

Assim, o deus dos deuses, tão humano em suas aventuras amorosas, teve inúmeras afeições e inúmeros filhos e filhas a quem amou ternamente. Têmis foi sua paixão predileta e resistiu muito ao seu amor, pois, além de ser sua tia, ainda havia feito voto de castidade. Júpiter, todavia, impressionado com sua beleza e com sua serena majestade, obrigou-a a quebrar esse voto. Têmis deu-lhe primeiramente uma filha, a Concórdia, que foi muito venerada na antiguidade e que era simbolizada por uma bela jovem tendo nas mãos uma romã, símbolo da união. Deu-lhe, depois, três belíssimas filhas, as Horas, que receberam os nomes de Eunômia, Irene e Dicéia ou Astréia e que eram a Lei, a Paz e a Equidade ou a Justiça. O quanto eram belas as Horas, eram feias e tristes as outras três filhas que Têmis também teve: as Parcas. Estas três criaturas, Cloto, Láquesis e Átropos, eram velhas e sombrias desde o seu nascimento; moravam nas regiões olímpicas, passavam a vida fiando os destinos das criaturas, que eram gravados em placas de ferro ou de bronze, de onde nada podia ser apagado ou modificado. As Parcas dirigiam, ainda, o movimento dos corpos celestes e a harmonia do mundo.

Têmis tinha um lugar especial no Olimpo e sentava-se ao lado do trono de Júpiter. Era a conselheira do deus dos deuses que sempre a encarregava das missões mais delicadas e suas decisões jamais eram discutidas porque se baseavam na mais alta sabedoria. Possuía um oráculo no monte Parnaso onde era venerada juntamente com Télus, a Terra. Era adorada na Grécia e na Roma antiga, onde possuía inúmeros templos. Nas estátuas aparecia como uma bela mulher de expressão serena e majestosa. A balança e a espada lhe eram atribuídas como símbolos do julgamento. Às vezes segurava um machado entre um feixe de varas, símbolo da autoridade entre os romanos e em outras imagens empunhava um cetro. Freqüentemente era apresentada com os olhos vendados, simbolizando assim a imparcialidade da Justiça, que não vê a criatura que está sendo julgada, mas apenas ouve o relato dos seus crimes.

Vênus

Sob o nome romano de Vênus e grego de Afrodite, Vênus foi uma das deusas mais cultuadas na antiguidade. Não nasceu do ventre de nenhuma mulher, deusa ou mortal; surgiu da espuma do mar, fecundada pelo sangue de Urano, o Céu, quando este foi sacrilegamente emasculado por seu filho, Saturno. Uma concha de madrepérola agasalhou essa espuma, servindo-lhe de abrigo e foi conduzida pelo mar, até próximo a ilha de Chipre, onde se abriu, fazendo surgir Vênus. Zéfiro, um dos oito ventos, a entregou a deus e às Musas, que se encarregaram de criá-la e educá-la. Outras lendas consideram-na como tendo nascido da união de Júpiter e Dionéia, filha de Netuno; em ambas, porém, sua origem é a mesma, celeste e marinha.

Vênus foi esposa de Vulcano, o feio desajeitado deus ferreiro, que foi enganado de mil formas por sua belíssima esposa. A aventura que a deusa do amor teve com Marte foi a mais ruidosa do Olimpo. Nos encontros entre ambos, Marte deixava Alectrião, seu favorito que era bastante preguiçoso, de guarda. Certa vez, Febo, também considerado como Apolo, o Sol, e que também amava Vênus, seguiu os dois apaixonados até seu esconderijo secreto. Tendo Alectrião adormecido, Febo pode espiá-los de perto e, vendo o que sucedia, foi chamar Vulcano, o marido. Ultrajado, apanhando os amantes em flagrante, envolveu-os numa rede poderosa e invisível e chamou todos os deuses para que testemunhassem o adultério. Desse amor com Marte, Vênus teve um filho, Cupido, ou Eros, o amor. Percebendo os males que Cupido poderia causar, Júpiter pediu a Vênus que se desfizesse dele, mas ela não lhe obedeceu. Como Cupido estivesse condenado a ser sempre criança enquanto não tivesse outro irmão, Vênus teve outro filho de Marte, Ânteros, ou antiamor, aquele que transforma o amor em ódio.

Além de Cupido, Vênus foi também mãe dos Amores, dos Jogos e dos Risos. De seu amor com Baco nasceu a divindade chamada Hímen, ou Himeneu. A maior paixão que sentiu foi por Adônis, um mortal que era mais belo do que qualquer dos deuses. Por ele, Vênus fugiu do Olimpo, separou-se de seus companheiros e desdenhou a companhia dos deuses. Enciumado, Marte transformou-se num javali, atacou Adônis e matou-o. Depois de chorar longamente, Vênus transformou o jovem em anêmona, flor muito bela, mas de vida efêmera.

Vênus era muito cultuada na Grécia, onde lhe foram erigidos numerosos templos. Cisnes, pombos, pássaros e lebres lhe eram consagrados e oferecidos em sacrifício. Seus altares eram ornados com flores, especialmente rosas, e lhe eram oferecidos frutos, perfeitos e sazonados, sendo-lhe especialmente consagradas a maçã e a romã.

ASTRONOMIA

A constelação de Libra

A constelação de Libra não é muito visível, ou melhor, muito reconhecível em nosso céu, pois suas estrelas têm um brilho muito pequeno. Ela forma um pentágono de exatidão razoável e sua alfa tem o nome bem árabe de Zubenel Genubi. Sua estranha e bela segunda estrela, a bela Zubeneschamali, é o único astro visível a olho nu que tem um fulgor esverdeado, e mesmo com um binóculo comum pode-se perceber que ele é duplo.

Libra e Escorpião são duas constelações que já estão bem próximas de Ofiúcus, o misterioso homem da serpente, a enorme constelação que a Astrologia ainda não considerou, mas que tem uma importância transcendental, pois corta e atravessa nitidamente a eclíptica, separando os quatro últimos signos dos demais. Esses quatro signos são justamente regidos por planetas que estão separados do resto do nosso sistema solar pela chamada zona dos asteróides. Assim, enquanto Ofiúcus isola Sagitário, Capricórnio, Aquário e Peixes do zodíaco, a zona dos asteróides isola seus regentes, Júpiter, Saturno, Urano e Netuno.

É também interessante notar que esses quatro signos e planetas representam o mundo material porque encerram o quaternário de forças fundamentais em seus quatro estados de materialização elementar fogo, terra, ar e água.

Vênus

Embora seja um dos planetas que mais excitam a curiosidade, Vênus, olhado através de um telescópio, apresenta desalentador espetáculo para um astrônomo, em virtude de estar, permanentemente, envolto em pesadas nuvens, que parecem protegê-lo contra a curiosidade dos homens da Terra. Os antigos pesquisadores dos mistérios celestes julgavam identificar dois planetas na órbita de Vênus, um que surgia pela manhã e que eles chamavam de Lúcifer e outro que aparecia à tardinha e que recebia o nome de Vésper; foi Pitágoras quem descobriu que Lúcifer e Vésper eram um só corpo celeste, Vênus.

Ainda hoje, a despeito dos potentes telescópios, Vênus é um planeta de difícil pesquisa. Com seus aparelhos, alguns astrônomos julgaram distinguir, em sua superfície, manchas polares brancas que não parecem ser da mesma natureza das zonas glaciais de Marte, dando a impressão de gigantescas montanhas geladas ou, ainda, de zonas polares de origem nebulosa.

Vênus tem fases, como a nossa Lua, pois reflete de igual modo a luz solar. As nuvens que o envolvem eternamente são tão mutáveis que os cientistas acreditam que a atmosfera venusiana esteja, permanentemente, num estado de incrível turbulência. Essa atmosfera também tem sido motivo de incansáveis estudos e pesquisas e em 1932 análises do espectro venusiano mostravam uma extraordinária abundância de dióxido de carbono. Foram feitos esforços para encontrar traços de oxigênio, mas todos falharam até 1951, quando foi finalmente constatada a sua existência, mas em quantidades infinitamente pequenas.

Os dados sobre a temperatura exterior de Vênus eram bastante incertos e nada se sabia sobre sua temperatura interior, ou de superfície. Em 1923 e em 1928 os astrônomos S. B. Nicholson e E. Petit declaram que sua temperatura exterior era de 33° abaixo de zero durante o dia e 58° abaixo de zero durante a noite. Em 1953 novas medidas foram registradas pelos astrônomos John Strang e W. M. Sinton, que encontraram 40° abaixo de zero para a atmosfera exterior. As medidas da temperatura de superfície só foram conseguidas em 1962, no dia 14 de dezembro, quando a sonda espacial Mariner II chegou até pouco mais de 21 000 milhas de Vênus e durante 35 minutos perscrutou o planeta com seus instrumentos enviando, em seguida, informações da Terra, que estava a 35 000 000 milhas de distância; a espantosa declaração dos aparelhos eletrônicos do Mariner II foi de que a temperatura interior de Vênus é extremamente alta, atingindo 427°C. Note-se que o Sol, fonte de calor do nosso sistema, está a 67 270 000 milhas de Vênus e ela é muitíssimo mais quente que Mercúrio, que está a apenas 36 000 000 milhas do Sol e tem uma temperatura de superfície de apenas 340°C.

Este calor intenso, segundo a opinião de alguns astrônomos, deve-se às nuvens que a envolvem e que funcionam como um abafador. Aliás, essas nuvens são um dos grandes mistérios do nosso sistema solar. A princípio supunha-se que eram idênticas às nossas, isto é, que eram formadas por vapor d'água e acreditava-se que a superfície venusiana era recoberta de pântanos ferventes e oceanos similares aos da Terra na pré-história. A análise espectral veio destruir a teoria da formação pelo vapor d'água e os cientistas tentaram explicar sua existência como sendo uma condensação de dióxido de carbono que, a temperaturas bastante baixas, se transforma em gelo seco. A verificação de uma temperatura exterior de 40° abaixo de zero, insuficiente para condensar a dióxido de carbono, veio destruir também essa hipótese e assim as nuvens de Vênus continuam a ser um mistério inexplicável.

Devido ao seu calor extremo e ao seu nebuloso envoltório, os astrônomos modernos comparam Vênus a uma gigantesca estufa. A atmosfera é relativamente transparente e atua como as paredes de vidro de uma estufa que impedem que o calor escape. Se alguém da Terra conseguir chegar até Vênus, isto é, se forem fabricadas roupas e aparelhos capazes de suportar sua temperatura de 427º, esse alguém poderá ter a interessante visão de um mundo de tonalidade avermelhada, em virtude do pó que se levanta de sua superfície extremamente seca, sem plantas e sem água, varrida por ventos fortíssimos, mundo esse coberto por um céu perpetuamente nublado, onde nuvens se agitam em turbilhões de extrema violência.

ALGUNS LIBRIANOS FAMOSOS

Fernanda Montenegro — 16 de outubro de 1929
Tarcísio Meira — 5 de outubro de 1935
Miguel Falabela — 10 de outubro de 1956
Almirante Nelson — 29 de setembro de 1758
Lamartine, poeta — 21 de outubro de 1790
Jean Antoine Watteau, pintor — 10 de outubro de 1684
Franz Lizt — 22 de outubro de 1811
Giuseppe Yerdi — 10 de outubro de 1813
Nietzsche — 15 de outubro de 1844
Friedrich Engels — 28 de setembro de 1820
Marion de Lorme, famosa cortesã — 3 de outubro de 1613
Marechal Von Paulus — 23 de setembro de 1890
Shostakovitch, compositor — 25 de setembro de 1906
Alfred Dreyfus — 19 de outubro de 1859
Maria Goretti — 16 de outubro de 1890
Marechal Von Hindenburg — 2 de outubro de 1847
David Ben Gurion — 16 de outubro de 1886
Juan Perón — 8 de outubro de 1895

Dom Pedro I, Imperador do Brasil — 12 de outubro de 1798

Gandhi — 2 de outubro de 1869

Annie Besant — 1º de outubro de 1847

Eleonora Duse — 3 de outubro de 1859

Dwigth Eisenhower — 14 de outubro de 1890

John L. Sullivan, pugilista — 15 de outubro de 1858